VACANCES DE RÊVE !

Francis JOFFO

Editions ART ET COMEDIE
3 rue de Marivaux
75002 PARIS

PERSONNAGES

DOMINIQUE PERTHUIS, elle a environ cinquante ans...

JACQUES PERTHUIS, son mari... Il était jeune officier pendant la guerre d'Algérie... Il doit donc avoir entre cinquante-cinq et soixante ans.

ARNAUD FAUCHIN, il a vingt-cinq ans.

MAURICE DECOUCHES, c'est le vrai méridional... Entre quarante et cinquante ans.

AGATHE SIDOUX, elle a soixante ans... Peut-être un peu plus... Elle est la mère de...

BRIGITTE SIDOUX, qui elle, a trente-cinq ans... C'est la mère de...

MYRIAM SIDOUX, qui elle, a seize ans...

Le rôle de la jeune femme qui apparaît dans le premier acte et qui n'a que quelques mots à prononcer, peut être joué par Brigitte, déguisée... Perruque, lunettes...

L'homme qui se cache dans la maison peut être joué par le régisseur.

DÉCOR

Le décor représente le rez-de-chaussée d'une superbe villa sur la Côte d'Azur.

Au premier plan jardin, une porte vitrée qui donne accès à la piscine.

Au deuxième plan jardin, un couloir qui donne sur les chambres.

Au troisième plan jardin, une double porte d'entrée...

Au premier plan cour, une porte qui donne sur la cuisine.

Au deuxième plan cour, une porte qui donne sur la seconde entrée de la maison.

Au troisième plan, face à la salle, une cheminée et devant cette cheminée, un canapé, tourné dos au public, ou face au public.

Côté jardin, un escalier qui monte vers le premier étage. Côté cour, un autre escalier qui monte également vers le premier étage... Une amorce de couloir, direction chambres à chaque escalier...

Sous l'escalier cour, la porte de la cave.

ACTE I

Quand le rideau se lève, c'est le petit matin... La lumière montera doucement pendant que la musique s'estompera...

Un homme armé, descend avec beaucoup de précautions l'escalier côté jardin... Il va jeter un coup d'œil à la porte-fenêtre de l'entrée... Il se dirige ensuite côté cour, mais un bruit qui parvient des chambres côté cour, le fait se cacher derrière le canapé... En haut de l'escalier jardin, apparaît un jeune homme en maillot de bain... Il descend tranquillement, se dirige vers l'entrée principale et ouvre la porte qui est fermée à clef de l'intérieur... Il reste quelques secondes à observer ce qui se passe à l'extérieur, revient, sans fermer la porte et se dirige tranquillement vers la sortie premier plan jardin qui donne sur la piscine. L'homme qui se cachait derrière le canapé, se lève, va vers la porte par où le jeune homme est sorti, observe quelques instants, puis rapidement se dirige vers le téléphone et compose un numéro tout en surveillant la porte.

L'HOMME : Allô... C'est moi... Je ne peux plus rester ici... Parce qu'il y a du monde ! Mais j'en sais rien, ils sont arrivés dans la nuit ! Viens me chercher ! Et apporte-moi des fringues ! Mais t'inquiète pas. Je vais les neutraliser... Allez grouille-toi... *(Il raccroche, repart surveiller la porte, mais un bruit de voiture qui arrive le fait remonter précipitamment vers la porte d'entrée toujours ouverte... Il observe quelques secondes la voiture qui arrive et grimpe rapidement l'escalier côté jardin en disant...)* Mais c'est pas vrai ! Qu'est-ce que c'est que cette baraque !

(La voiture s'arrête. Les portes claquent et on entend les voix de Jacques et de Dominique.)

DOMINIQUE : *(off)* Patrick... Marie... Marie...

JACQUES : *(off)* Mais tu vois bien que leur voiture n'est pas là. *(Il a une valise à la main.)*

DOMINIQUE : *(off)* Ils sont peut-être arrivés par l'autre entrée... *(Elle entre.)* Marie... Patrick...

JACQUES : *(entrant)* Tu es vraiment têtue. Je te répète que je les ai doublés à la sortie de Lyon.

DOMINIQUE : Mais non... Je suis sûre que ce n'était pas eux... Marie...

JACQUES : Mais tu dormais à moitié quand je les ai doublés mais moi j'ai bien reconnu leur voiture.

DOMINIQUE : Qu'est-ce ne tu paries qu'ils sont arrivés par la route de Grasse. *(Elle se dirige vers la porte-fenêtre à la cour.)* Je suis sûre que leur voiture est là !

JACQUES : Alors ?

DOMINIQUE : Elle n'est pas là !

JACQUES : Comme c'est curieux...

DOMINIQUE : Alors... s'ils ne sont pas arrivés, qui a ouvert cette porte ?

JACQUES : Mais souviens-toi ! Patrick nous a dit que l'Agence l'avait assuré que la femme de ménage passerait vers dix heures et qu'elle aurait les clefs... C'est elle qui est venue pour aérer avant notre arrivée... Et elle a bien fait. Tu ne trouves pas que ça sent un peu le renfermé ici ?

DOMINIQUE : Un peu, beaucoup. J'ai l'impression que la maison est inhabitée depuis des mois... Je vais faire un courant d'air.

(Elle ouvre la seconde porte-fenêtre côté cour.)

JACQUES : Ça c'est bien la preuve que Marie n'a pas encore mis les pieds ici. Elle aurait commencé par faire ce que tu fais.

(Dominique va jeter un coup d'œil dans la cuisine.)

DOMINIQUE : La cuisine est vide. Ils ont dû descendre prendre un petit déjeuner à Antibes.

JACQUES : Moi, je les vois plutôt du côté d'Aix en Provence, mais si tu préfères Antibes...

DOMINIQUE : Qu'est-ce qu'on fait ?

JACQUES : Mais comme eux. Nous allons descendre à Antibes prendre un petit déjeuner et faire quelques courses...

DOMINIQUE : Je suis sûre qu'on les retrouvera là-bas... tu vas voir...

JACQUES : Mais oui sûrement... *(Il grimpe les escaliers cour.)*

DOMINIQUE : Où vas-tu ?

JACQUES : Ben... Je vais déjà déposer cette valise... Au fait, je la mets dans quelle chambre ?

DOMINIQUE : La même que l'année dernière. C'est la plus grande et Marie préfère celle qui donne sur le parc...

JACQUES : Parfait...

DOMINIQUE : Mon Dieu !

JACQUES : Qu'est-ce qu'il y a ?

DOMINIQUE : J'ai oublié mon sac dans la voiture.

JACQUES : Mais qu'est-ce qu'il risque... On repart tout de suite...

DOMINIQUE : Qu'est-ce que tu en sais ! C'est plein de rôdeurs sur la Côte... Dépêche-toi, je t'attends dans la voiture...

(Elle sort rapidement, pendant que Jacques entre dans la chambre. Quelques secondes de silence suivies d'un hurlement de femme. La porte de la chambre s'ouvre. Une jeune fille à moitié nue en sort et dévale les escaliers, suivie par Jacques qui essaye de la calmer en criant : "Mademoiselle... mademoiselle... calmez-vous... calmez-vous... Mademoiselle."
Arrivée au bas des escaliers, la jeune fille va s'enfermer dans la cuisine côté cour. Jacques la suit. Quand il arrive à la porte de la cuisine qui vient de se refermer, la porte premier plan jardin s'ouvre et le jeune homme en maillot de bain apparaît... Il s'élance vers Jacques en criant : "Salaud, je vais t'apprendre moi." Jacques se retourne.)

JACQUES : Mais qui êtes-vous ? Attendez !

(Trop tard. Le jeune homme s'est jeté sur lui et ils roulent tous les deux à terre pendant que la jeune fille continue à hurler derrière la porte... On entend la voix de Dominique.)

DOMINIQUE : *(off)* Jacques... ! Qu'est-ce qui se passe ! Qui a crié comme ça... Jacques.

(Elle entre, aperçoit les deux hommes en train de se battre... Elle pousse un hurlement et se précipite vers la cheminée où se trouvent des grosses bûches de bois... elle en saisit une et d'un seul coup assomme le jeune homme qui était en train d'étrangler son mari, il tombe derrière le canapé.)

7

JACQUES : *(se redressant)* Ouf ! Il était temps, j'ai bien cru qu'il allait m'avoir... *(Dominique est statufiée, sa bûche à la main.)* Oh... Dominique... Qu'est-ce que tu as ?

DOMINIQUE : Il ne bouge plus...

JACQUES : Pas étonnant. Avec ce que tu lui as mis...

DOMINIQUE : Je l'ai tué... Je suis sûre que je l'ai tué !

JACQUES : Mais non. Tu l'as assommé, c'est tout.

DOMINIQUE : Il faut appeler la police... vite...

JACQUES : Mais non. Calme-toi. On va attendre qu'il se réveille.

DOMINIQUE : Mais si je l'ai tué ?

JACQUES : Mais non... Regarde... il respire. Dans deux minutes, il est debout.

DOMINIQUE : Et bien, il faut le faire arrêter. Tu vois bien que c'est un cambrioleur...

JACQUES : Mais non. Tu as déjà vu un cambrioleur se promener en maillot de bain. Il revenait de la piscine. C'est un squatter, rien de plus.

DOMINIQUE : N'empêche qu'il faut appeler la police. Ça peut se retourner contre nous. Il peut porter plainte pour coups et blessures.

JACQUES : Il ne manquerait plus que ça !

DOMINIQUE : Ça c'est déjà vu. Je l'ai lu dans un journal. Un propriétaire a été condamné à verser une pension parce qu'il avait surpris et blessé un cambrioleur qui s'était introduit chez lui en pleine nuit.

JACQUES : C'est invraisemblable !

DOMINIQUE : C'est comme ça. C'est la justice d'aujourd'hui.

JACQUES : Raison de plus de ne pas appeler la Police, si tu ne veux pas avoir affaire à la justice d'aujourd'hui.

DOMINIQUE : J'étais sûre que ça allait arriver ! J'en étais sûre... Je l'avais vu dans les cartes.

JACQUES : Ah non ! Tu ne vas pas recommencer avec tes cartes ! C'est pas le moment.

DOMINIQUE : Oui, je sais que ça te fait peur...

JACQUES : Ça ne me fait pas peur, ça m'énerve.

DOMINIQUE : Non, ça te fait peur, parce que tout ce que disent les cartes ça arrive. Et hier avant de partir, je me les suis faites et trois fois j'ai mis du pique sur le dix de carreau, trois fois...

JACQUES : Et alors ! C'est quoi le pique sur le dix de carreau ?

DOMINIQUE : Je te l'ai dit cent fois... Ça veut dire un ennui ou un accident sur la route.

JACQUES : Et bien, on a pas eu d'accident sur la route...

DOMINIQUE : *(montrant le jeune homme)* Et ça, qu'est-ce que c'est...?

JACQUES : Mais on n'est pas sur la route...

DOMINIQUE : Mais c'est pareil. Il faut interpréter. L'ennui, il était au bout de route.

JACQUES : C'est pour ça que tu m'as dit toute la nuit de ralentir ?

DOMINIQUE : Parfaitement. J'étais sûre qu'il allait arriver quelque chose... La preuve...

JACQUES : Bon... d'accord... je ne discute plus... tu as toujours raison...

DOMINIQUE : C'est pas moi, c'est les cartes !

JACQUES : D'accord c'est les cartes !

DOMINIQUE : Moi je suis sûre qu'il faut appeler la Police.

JACQUES : Non ! J'attends d'abord qu'il se réveille.

DOMINIQUE : Mais qui ça peut être ?

JACQUES : Et bien fais-toi les cartes !

DOMINIQUE : Arrête ! C'est pas le moment de plaisanter... Tu ne vois pas dans quel état je suis... *(Elle commence à pleurer.)*

JACQUES : Excuse-moi ! Calme-toi ma chérie... Je ne t'ai même pas remerciée. Tu as été formidable. Sans toi, c'est moi qui serais allongé par terre en ce moment... Calme-toi... Attends une seconde... *(Il se dirige vers la porte cour.)* On ne l'entend plus !

DOMINIQUE : Qui ça ?

JACQUES : La fille...

DOMINIQUE : Quelle fille ?

JACQUES : Mais la fille nue qui était dans la chambre !

DOMINIQUE : Il y avait une fille nue ?

JACQUES : Oui.

DOMINIQUE : Tu l'as vue nue ?

JACQUES : Mais oui !

DOMINIQUE : Oh !

JACQUES : Calme-toi ! J'en ai vu d'autres !

DOMINIQUE : QUAND ?

JACQUES : Mais avant notre mariage !

DOMINIQUE : Ah bon !

JACQUES : C'est pour ça qu'il m'a agressé celui-là ! Je ne sais pas ce qu'il a cru ! Mademoiselle ! Mademoiselle...

DOMINIQUE : Pourquoi elle ne répond pas ?

JACQUES : Parce qu'elle a peur...

DOMINIQUE : Attends...

JACQUES : Où vas-tu ?

DOMINIQUE : Je vais me montrer à la fenêtre de la cuisine, ça la rassurera peut-être... *(Elle sort, deuxième plan cour.)*

JACQUES : Dans l'état où tu es, ça m'étonnerait. *(Le téléphone sonne.)* Tiens… ça c'est Patrick et Marie qui vérifient si nous sommes là… Allô… oui c'est moi… mais comment savez-vous… Pardon ! Oh non… c'est pas vrai !!! Mais quand ? Oh la la… Où ça ? C'est épouvantable… Ah bon, vous êtes sûrs ?

DONINIQUE : *(off)* Jacques...

JACQUES : Oui... nous arrivons tout de suite... oui... je note...

DOMINIQUE : *(elle entre par la porte de la cuisine qu'elle a ouverte de l'intérieur)* Jacques...

JACQUES : Attends une seconde... très bien Brigadier, je vous remercie… A tout de suite Brigadier. *(Il raccroche.)*

DOMINIQUE : Tu as appelé la Police ?

JACQUES : Oui... non... c'est elle...

DOMINIQUE : La Police a appelé ici ?

JACQUES : Oui...

DOMINIQUE : Mais comment la Police peut-elle être au courant ?

JACQUES : Mais pas pour lui... *(Il montre le jeune homme.)*

DOMINIQUE : Mais alors pourquoi ?

JACQUES : Ne t'affole pas... Ce n'est pas grave... mais...

DOMINIQUE : Mais quoi ?

JACQUES : Patrick et Marie ont eu un petit accident... voilà...

DOMINIQUE : Quoi !!!!

JACQUES : Mais calme-toi. C'est pas grave je te dis. C'est surtout la voiture qui a trinqué...

DOMINIQUE : Mais où sont-ils ?

JACQUES : A l'hôpital. Ils nous attendent.

DOMINIQUE : Mais s'ils sont à l'hôpital, c'est que c'est grave !

JACQUES : Mais non... c'est par sécurité... pour vérifier...

DOMINIQUE : Vérifier quoi ?

JACQUES : Mais, je n'en sais rien. Passer des radios de contrôle sans doute. On verra bien là-bas...

DOMINIQUE : J'en étais sûre. Je l'avais vu...

JACQUES : Ah non ! Tu ne vas pas recommencer ! C'est sur nous que tu avais vu un accident, pas sur eux.

DOMINIQUE : C'était sur nous quatre. J'avais fait un jeu sur nous quatre. Pour savoir comment se passeraient nos vacances... et il y avait l'accident, ça ne rate jamais je te dis...

JACQUES : Bon... d'accord, si tu veux. Maintenant ça y est... il a eu lieu l'accident. Alors, calme-toi puisque ce n'est pas grave...

DOMINIQUE : Et le neuf de pique sur le neuf de carreau... qu'est-ce que tu en fais hein ! Qu'est-ce que tu en fais ?

JACQUES : Qu'est-ce c'est ça encore ? Qu'est-ce que ça veut dire ?

DOMINIQUE : Ça veut dire qu'il y aura une rupture.

JACQUES : Entre nous ?

DOMINIQUE : Je n'en sais rien. Peut-être entre nous. Peut-être entre Patrick et Marie, ou peut-être entre nous et Patrick et Marie, mais il y aura une rupture, parce que trois fois j'ai mis un neuf de pique sur un neuf de carreau, trois fois...

JACQUES : Ecoute... Arrête... je t'en supplie, pour l'instant il faut aller à l'hôpital, alors s'il te plaît, fiche-moi la paix avec tes cartes...

DOMINIQUE : Et lui, qu'est-ce qu'on en fait ?

JACQUES : Ah c'est vrai... quelle journée... et la fille ?

DOMINIQUE : Elle n'est plus dans la cuisine...

JACQUES : Quoi ?

DOMINIQUE : Non... C'est pour ça que je t'appelais. Elle a ouvert la fenêtre et elle s'est sauvée. C'est pour ça qu'on ne l'entendait plus...

JACQUES : Mais où a-t-elle pu aller dans cette tenue ?

DOMINIQUE : Il y a un pavillon au fond du parc. C'est sûrement là qu'elle s'est réfugiée...

JACQUES : Tu as raison. Dès que celui-là sera réveillé on le traînera dehors. Quand elle le verra, elle. sortira. *(Le jeune homme pousse un petit cri de douleur.)* Tiens le voilà qui nous revient. On va enfin savoir...

ARNAUD : Salaud...

JACQUES : Ça commence bien.

DOMINIQUE : Ne t'énerve pas...

JACQUES : Où vois-tu que je m'énerve ! Je n'ai jamais été aussi calme... A nous deux jeune homme...

ARNAUD : Où est Myriam ?

JACQUES : Quelle Myriam ?

DOMINIQUE : Il veut parler de la fille...

JACQUES : Ah oui. Et bien à notre avis elle doit être dans le pavillon au fond du parc.

ARNAUD : Qu'est-ce que vous lui avez fait ?

JACQUES : Rien. Elle courait trop vite, pas eu le temps de la violer. Voilà, vous êtes rassuré ?

ARNAUD : Qui êtes-vous ?

DOMINIQUE : Non mais dites donc ! Vous ne croyez pas que c'est plutôt à nous à vous poser cette question !

JACQUES : Ne t'énerve pas.

DOMINIQUE : Où vois-tu que je m'énerve !

JACQUES : Je voulais dire, ne parle pas si vite. Ma femme a raison. C'est à nous à vous poser cette question.

ARNAUD : Mais qui êtes-vous ?

DOMINIQUE : Il recommence !

JACQUES : Les locataires.

ARNAUD : Quels locataires...?

JACQUES : Mais de cette maison. Nous avons loué cette maison du 16 juillet au 15 août. Nous sommes ici chez nous.

ARNAUD : Mais qu'est-ce que vous racontez. C'est pas possible !

DOMINIQUE : Comment ça, c'est pas possible !

JACQUES : C'est plus que possible jeune homme. C'est certain. Et si les amis qui ont loué cette maison avec nous, n'avaient pas eu un accident de voiture, ils vous le confirmeraient. Ce sont eux qui ont traité avec l'Agence.

ARNAUD : C'est complètement dingue...

JACQUES : Qu'est-ce qui est dingue ?

ARNAUD : Ce que vous dites.

JACQUES : Non mais, tu l'entends.

DOMINIQUE : J'ai dû taper trop fort, pourquoi c'est dingue...

ARNAUD : J'ai rien à vous dire...

JACQUES : Ah si ! Vous allez nous dire qui vous êtes, vous et votre petite amie, ce que vous faites ici, et pourquoi vous m'avez attaqué. Sinon j'appelle les gendarmes et c'est avec eux que vous vous expliquerez. Alors ?

ARNAUD : Je veux d'abord la voir.

JACQUES : Alors, le plus vite possible s'il vous plaît. J'ai autre chose à faire. Il faut que nous partions à l'hôpital. Vous pouvez marcher ?

ARNAUD : Je crois...

JACQUES : Faut pas croire. Faut en être sûr. Allez debout. Ça va ?

ARNAUD : Ça va...

JACQUES : Alors allons-y. Vous ne voulez toujours pas me dire qui vous êtes ?

ARNAUD : Quand je l'aurai vue...

JACQUES : Très bien. En route.

DOMINIQUE : Je t'accompagne.

JACQUES : Mais non. Dans l'état où il est je ne risque rien.

DOMINIQUE : Fais attention quand même.

JACQUES : Mais oui... Cesse de me parler comme à un gamin.

DOMNIQUE : N'empêche que si je n'avais pas été là, tu ne serais peut-être plus là !

JACQUES : D'accord, mais comme j'y suis laisse-moi faire. Appelle plutôt l'hôpital, pour dire que nous aurons un peu de retard. Le numéro est sur le bloc.

DOMINIQUE : Je vais d'abord remettre un peu d'ordre ici.

(En effet, pendant la bagarre qui a opposé Jacques et Arnaud, plusieurs objets sont tombés, et plusieurs revues et journaux jonchent le sol.)

JACQUES : Mais ne t'occupe pas de ça. La femme de ménage va revenir elle ne peut pas être bien loin... Elle fera ça pendant que nous serons à l'hôpital...

DOMINIQUE : Non, si elle voit la maison dans cet état, elle est capable de ne pas rester. Je les connais ces filles-là. Pour les garder il faut tout faire à leur place.

JACQUES : Comme tu voudras... mais n'oublie pas l'hôpital.

DOMINIQUE : Oui... Dépêche-toi... *(Elle sort, cuisine.)*

JACQUES : Le temps de la retrouver et de la ramener ici. Comment vous appelez-vous ?

ARNAUD : Arnaud...

JACQUES : Arnaud comment ?

ARNAUD : Je vous le dirai quand je l'aurai vue.

JACQUES : Ah bon... Alors en route. Ne perdons pas de temps, s'il vous Plaît.

(Ils sortent pendant que Dominique sort vers la cuisine en disant : "Je l'avais vu qu'il ne fallait pas louer cette maison... je l'avais vu."
La scène reste vide quelques secondes mais on entend le bruit d'une voiture qui se gare devant la maison. Agathe Sidoux entre par le fond...)

AGATHE : *(découvrant la maison)* Ah... Ça, c'est une belle maison !... Je ne regrette pas de l'avoir louée ! Mais qu'est-ce que ça fait par terre, tout ça ? Il n'y a pas de femme de ménage ici ?... Et ma sœur ? elle n'est pas là ? Josette... tu es là ? Josette !... *(Elle sort deuxième plan jardin.)*

DOMINIQUE : *(elle revient de la cuisine premier plan cour. Elle a mis un tablier et un foulard sur ses cheveux pour faire le ménage. Elle ramasse les journaux qui sont par terre, en disant)* La. rupture ! Qu'est-ce que ça peut être que cette rupture ! Parce que ça va arriver. Je suis sûre que ça va arriver...

AGATHE : *(elle apparaît dans l'embrasure de la porte. Dominique lui tourne le dos)* Josette !!!

DOMINIQUE : *(elle se retourne brusquement en hurlant)* Aaaah... Qu'est-ce que c'est...?

AGATHE : Oh pardon... Excusez-moi... je vous ai prise pour Josette... Ah Ah Ah...

DOMINIQUE : Josette ?

AGATHE : Oui Josette SIDOUX, ma sœur. De dos... j'ai cru que c'était elle.

DOMINIQUE : Ah bon...

AGATHE : Oui. Heureusement qu'elle ne m'entend pas, parce qu'elle est beaucoup mieux que vous !

DOMINIQUE : Quoi ?

AGATHE : Non... Je veux dire qu'elle est moins vieille ! Mais qu'est-ce que je raconte moi... ELLE FAIT MOINS VIEILLE... enfin PLUS JEUNE… Voilà... Mais c'est normal elle n'a que soixante ans !

DOMINIQUE : J'en ai cinquante !

AGATHE : Aaaaaaah !!!! Et ben... dites donc vous ne les faites pas...

DOMINIQUE : Quoi !

AGATHE : Je veux dire... Vous faites moins... ! C'est elle qui fait plus... C'est normal... elle est fatiguée en ce moment... Mais qu'est-ce qui s'est passé ici ! Qu'est-ce que ça fait par terre tout ça ?

DOMINIQUE : Je vais vous expliquer...

AGATHE : Mais non. Ne vous inquiétez pas pour ça. *(Elle montre le désordre qui règne dans la pièce.)* Je sais ce que c'est. Je passe ma vie à casser. Mais il faudra quand même faire un peu attention parce que vous avez vu comme elle est belle la maison ?

DOMINIQUE : Oui.

AGATHE : Je ne l'imaginais pas si grande !

DOMINIQUE : Mais je vous aiderai...

AGATHE : Aaaaah... Aaah... Ça c'est drôle...

DOMINIQUE : Quoi ?

AGATHE : Ce que vous venez de dire ! Aaah... Aaah... On ne me l'avait encore jamais faite celle-là ! Elle m'aidera ! C'est pas vous, c'est moi qui vous aiderai !

DOMINIQUE : Vous ?

AGATHE : Oui. Je ne peux pas rester sans rien faire. C'est pour ça que je ne voulais pas de vous.

DOMINIQUE : Comment ???

AGATHE : Non. Mais rassurez-vous, je vous garde. Mais au départ, je ne voulais pas. J'avais dit à ma sœur : "Tu ne prends personne, je ferai tout." Elle ne m'a pas écoutée, comme d'habitude. C'est pour ça qu'elle vous a prise... Ça ne va pas ?

DOMINIQUE : Si... Mais...

AGATHE : Ah non... Ça ne va pas ! Vous êtes encore plus pâle que quand je vous ai fait peur... Qu'est-ce qu'il y a ? Asseyez-vous...

DOMINIQUE : Excusez-moi, mais j'aimerais comprendre !

AGATHE : Comprendre quoi ?

DOMINIQUE : Ce qui se passe...

AGATHE : Qu'est-ce qui se passe ?

DOMINIQUE : Je ne sais pas. Il faut que je vois mon mari !

AGATHE : Et où est-il votre mari ?

DOMINIQUE : Dans le jardin...

AGATHE : Ah bon... C'est le jardinier ?

DOMINIQUE : MAIS NON ! Il cherche la fille qui s'est sauvée quand il est entré dans sa chambre parce qu'il la croyait vide !!! C'est pour ça que je l'ai assommé !

AGATHE : La fille ???

DOMINIQUE : Mais non... le Squatter...

AGATHE : Quel Squatter ???

DOMINIQUE : Celui qui croyait que mon mari voulait la violer...

AGATHE : *(perdue)* Ah bon ! Et il ne voulait pas ?

DOMINIQUE : MAIS NON... Il la croyait VIDE !

AGATHE : Ah oui... C'est vrai... J'avais oublié...

DOMINIQUE : Maintenant il faut que j'aille à l'hôpital.

AGATHE : AH OUI... Ça c'est sûr ! Il faut absolument que vous alliez à l'hôpital ! Voulez-vous que je vous emmène ?

DOMINIQUE : Non, non... Laissez. Mon mari va le faire. Les gendarmes nous ont dit que ce n'était pas grave mais on ne sait jamais...

AGATHE : Mais c'est pas les gendarmes qu'il faut voir ! C'est un docteur !

DOMINIQUE : Mais on va le voir en arrivant. Il nous attend...

AGATHE : Ah bon... Ça c'est bien qu'il vous prenne en urgence !

DOMINIQUE : Pourvu qu'il n'y ait pas de fractures !

AGATHE : Mais non... Ne vous affolez pas... C'est juste un coup de soleil.

DOMINIQUE : Mais non ! C'est leur voiture...

AGATHE : Quelle voiture ?

DOMINIQUE : De nos amis ! Ils ont eu un accident. C'est pour ça qu'ils ne sont pas là !... Je l'avais vu... Je l'avais vu quand je l'ai retourné.

AGATHE : La voiture ?

DOMINIQUE : MAIS NON ! UN NEUF.

AGATHE : QUEL OEUF ?

DOMINIQUE : Le neuf de pique, sur le dix de carreau...

AGATHE : Bon ! Et bien ne bougez pas... J'appelle le SAMU...

DOMINIQUE : Mais non ! C'est pas la peine ! Il va mieux... Il s'est réveillé...

AGATHE : Ah bon !

DOMINIQUE : Mais oui... Il est dans le jardin avec mon mari. Ils cherchent la fille. Elle se cache, vous comprenez ?

AGATHE : Ah oui... Très bien... Ils jouent à cache-cache !

DOMINIQUE : Mais non ! Elle se cache parce qu'elle est toute nue !

AGATHE : Ah... Tout s'explique ! *(A part.)* J'en peux plus moi !

DOMINIQUE : Vous n'avez pas l'air de me croire...

AGATHE : Mais si... Bien sûr je vous crois... Mais j'aimerais bien le voir votre mari... Vous êtes sûre qu'il existe ?

DOMINIQUE : Dites donc... Dites tout de suite que je suis folle !

AGATHE : Ah non... Pas tout de suite !

DOMINIQUE : Vous n'avez qu'à aller voir...

AGATHE : C'est ce que je vais faire. Mais ça m'ennuie un peu de vous laisser toute seule.

DOMINIQUE : Pourquoi ?

AGATHE : Pour rien... Bon ! Et bien, je vais aller jeter un coup d'œil. Profitez-en pour vous reposer un petit peu...

DOMINIQUE : Oh non. Il faut que je nettoie tout ça !

AGATHE : Mais non ! Laissez ! Je ferai ça en revenant. Le ménage, ça me connaît... C'est mon métier...

DOMINIQUE : Votre métier ?

AGATHE : Oui. J'ai une petite entreprise de nettoyage à Paris !

DOMINIQUE : Mais alors... C'est bien vous ?

AGATHE : C'est bien moi, quoi ?

DOMINIQUE : La femme de ménage ?

AGATHE : La femme de ménage !!!

DOMINIQUE : *(affolée et furieuse)* C'est pas vous ?

AGATHE : Si, si... C'est moi ! C'est bien moi ! *(En aparté.)* Si ça peut lui faire plaisir ! C'est bien moi... vous êtes contente ?

DOMINIQUE : Ah oui... Parce que tout à l'heure... quand vous avez dit que vous ne vouliez pas de moi ! Ça m'a...

AGATHE : Ah... Mais je vous faisais une blague !

DOMINIQUE : Ah bon !

AGATHE : Ah oui... J'adore faire des blagues. Maintenant, il faut vous détendre un petit peu, hein ? Alors, ne bougez pas d'ici. Je vais vérif... Je vais vous ramener tout votre petit monde... Par où sont-ils partis ?

DOMINIQUE : *(elle montre la porte premier plan cour)* Par-là...

AGATHE : Parfait...

DOMINIQUE : Mais, vous pouvez y aller aussi par-là ! *(Elle montre la porte premier plan jardin.)*

AGATHE : Très bien...

DOMINIQUE : Vous n'aurez pas de mal à les trouver...

AGATHE : Ça ! Une fille nue, un squatter et un jardinier, ce sera plus facile à trouver qu'un trèfle à quatre feuilles ! A tout de suite. *(Elle sort en disant.)* Au secours ! qu'est-ce qui m'arrive...

DOMINIQUE : Elle est folle ! C'est une folle ! Il faut que je prenne un calmant ! Qu'est-ce que j'ai fait de mes calmants ? Où est-ce que je les ai fourrés ? Ah oui... la valise, dans la chambre... *(Elle grimpe l'escalier côté cour en disant.)* Fallait pas la louer cette maison... il ne fallait pas...

> *(A peine a-t-elle disparue que l'homme armé qui se cachait au premier étage côté et descend prudemment les marches... Il fait des signes du milieu de l'escalier à quelqu'un qu'il aperçoit et qui vient de l'entrée côté cour...)*

L'HOMME : Vite... Par ici... Dépêche-toi...

> *(Une jeune femme portant un panier recouvert d'une paire de draps entre...)*

LA JEUNE FEMME : Qu'est-ce qui se passe ?

L'HOMME : Monte... Vite... Grouille-toi...

(On entend la voix de Jacques off qui appelle... Dominique... L'homme disparaît... Mais la jeune femme est encore dans l'escalier quand la porte premier plan cour, s'ouvre sur Jacques...)

JACQUES : Dominique... ça y est... Oh pardon… Bonjour Mademoiselle.

LA JEUNE FEMME : *(très tendue)* Bonjour !

JACQUES : Je me présente... Jacques PERTHUIS. Vous venez d'arriver ?

LA JEUNE FEMME : Oui...

JACQUES : Ah. C'est très bien ça, ma femme doit être contente.

LA JEUNE FEMME : Oui...

JACQUES : Et vous êtes déjà au travail, c'est bien... C'est très bien. Ma femme est dans les chambres ?

LA JEUNE FEMME : Non...

JACQUES : Ah... Et bien, à tout à l'heure.

LA JEUNE FEMME : Oui... *(Et elle entre précipitamment dans la chambre côté jardin au moment où la porte de la chambre côté cour s'ouvre sur Dominique.)*

DOMINIQUE : Jacques !!

JACQUES : Ah tu étais là ! Ça y est on a retrouvé la fille... Elle s'est enfermée dans le pavillon, mais elle ne veut pas sortir tant que je ne lui aurai pas apporté sa robe... Ils m'attendent tous les deux là-bas.

DOMINIQUE : Tu as vu la femme de ménage ?

JACQUES : Oui. A l'instant. Elle est bizarre !

DOMINIQUE : Ah ! Tu trouves aussi ?

JACQUES : Ah oui...

DOMINIQUE : Elle veut faire descendre son entreprise ici...

JACQUES : Quelle entreprise ?

DOMINIQUE : De ménage ! Elle a une entreprise de ménage ! À   PARIS !

JACQUES : Qu'est-ce que c'est que cette histoire ! Tu es sûre d'avoir bien compris ?

DOMINIQUE : Je ne sais plus. Elle est tellement bavarde...

JACQUES : Bavarde !!!

DOMINIQUE : Ah oui. Tu n'as pas trouvé ?

JACQUES : Ah non ! J'ai même trouvé que c'était le contraire d'une bavarde ! C'est pour ça que je la trouvais bizarre !

DOMINIQUE : Avec moi, elle n'arrêtait pas...

JACQUES : Qu'est-ce qu'elle t'a raconté ?

DOMINIQUE : Elle a commencé par me dire qu'elle ne voulait pas de moi !

JACQUES : Pas de toi !

DOMINIQUE : Oui. Pour le ménage !

JACQUES : Elle ne voulait pas que tu l'aides ?

DOMINIQUE : Non. Pas de moi pour le faire. Parce qu'elle avait dit à sa sœur qu'elle ne voulait personne.

JACQUES : A sa sœur ?

DOMINIQUE : Oui qui s'appelle Josette, mais qu'elle me gardait quand même !!!

JACQUES : Non... attends, qu'est-ce que tu me racontes là !

DOMINIQUE : Mais la vérité ! C'est quand je lui ai dit que nous devions partir pour l'hôpital qu'elle a reconnu qu'elle était bien la femme de ménage et qu'elle m'avait fait une blague.

JACQUES : Une blague !

DOMINIQUE : Oui...

JACQUES : Et ben dis donc... j'en ai entendu des meilleures...

DOMINIQUE : Moi aussi.

JACQUES : Pourtant à la voir on ne l'imagine pas sortant des bêtises pareilles. Le principal c'est qu'elle reste. Si elle recommence on en cherchera une autre.

DOMINIQUE : Ce ne sera pas facile...

JACQUES : Justement. Attendons un peu. Si elle travaille bien, on la laissera blaguer de temps en temps...

DOMINIQUE : Où est-elle ?

JACQUES : Elle est montée préparer les chambres.

DOMINIQUE : Déjà !

JACQUES : Oui.

DOMINIQUE : Elle n'est plus dans le parc ?

JACQUES : Mais non, puisqu'elle est dans les chambres. Oui... Bon... moi je vais chercher la robe de la fille et après on fonce à l'hôpital.

DOMINIQUE : Jacques, ne me laisse pas seule.

JACQUES : Mais j'en ai pour deux minutes. Tu sais ce que tu devrais faire. Tu devrais prendre un calmant.

DOMINIQUE : *(ouvrant sa main dans laquelle elle tient une petite boîte)* J'en ai déjà pris deux.

JACQUES : Mais ce n'est pas ton calmant ça, c'est ton somnifère !

DOMINIQUE : Oh la la... C'est pour ça que je me sens si fatiguée !

JACQUES : Oui, et c'est peut-être pour ça que tu racontes n'importe quoi sur la bonne !

DOMINIQUE : Mais non... je te jure...

JACQUES : Oui... bien... je te crois. Calme-toi. Je reviens tout de suite...

DOMINIQUE : Jacques, ne me laisse pas !

JACQUES : *(dans l'escalier)* Mais j'en ai pour deux minutes. Tant qu'elle n'aura pas sa robe, on ne pourra pas partir à l'hôpital. *(Il entre dans la chambre de la jeune fille.)*

DOMINIQUE : Je l'avais vu qu'il ne fallait pas louer cette maison ! Je l'avais vu !

AGATHE : *(elle revient en disant "PERSONNE". Dominique pousse un hurlement)* Qu'est-ce qu'il y a ? Je vous ai encore fait peur ?

DOMINIQUE : Vous n'êtes pas dans les chambres ?

AGATHE : J'étais dans le parc. Comment je ferais pour être en même temps dans les chambres ???

DOMINIQUE : Mais... c'est mon mari... qui vous a vue !!!

AGATHE : Il m'a vue ? Il a bien de la chance. Parce que moi je le cherche encore ! Pas plus de mari que de squatter... Et comment vous le savez qu'il m'a vue ?

DOMINIQUE : Parce qu'il me l'a dit.

AGATHE : Vous l'avez revu ?

DOMINIQUE : Oui...

AGATHE : Ah bon... Il n'y a que moi qui ne voit personne ! Et maintenant où est-il ? Ne me dites pas qu'il est retourné dans le parc. J'ai fait le tour de tous les arbres. Un chien ne ferait pas ce que je viens de faire... Alors... Où est-il ?

DOMINIQUE : Il est dans la chambre... *(Elle indique la chambre en haut de l'escalier côté cour.)*

AGATHE : Ah. Ça va être plus facile. Et qu'est-ce qu'il fait là-haut ?

DOMINIQUE : Il est parti chercher sa robe !

AGATHE : SA ROBE ! VOTRE MARI !?

DOMINIQUE : Oui. Autrement on ne pourra pas partir à l'hôpital !

AGATHE : Ah bon !!! Sans sa robe... votre mari !!!!

DOMINIQUE : Il ne pourra pas !

AGATHE : Eh ben... C'est le Docteur qui va être surpris de le voir arriver comme ça !

DOMINIQUE : Le Docteur ?

AGATHE : Ah oui ! Il va peut-être vous garder tous les deux. Et c'est peut-être lui qu'il va garder le plus longtemps... Allez... Il est vraiment temps que je vous emmène...

DOMINIQUE : Où ça ?

AGATHE : A l'hôpital ! C'est votre mari qui sera content de vous y retrouver...

DOMINIQUE : Mais non... Il est...

AGATHE : Dans la chambre, je sais, en train d'enfiler sa robe ! Alors, pourquoi il ne serait pas aussi à l'hôpital, hein ? Allez... Faut y aller maintenant...

DOMINIQUE : *(elle bâille)* Aaaah... Ah... Mais non...

AGATHE : Mais si... Allez debout... Mais qu'est-ce que vous avez à bâiller comme ça ?

DOMINIQUE : C'est les som...

AGATHE : Quels sommes ?

DOMINIQUE : Les som... nifères ! *(Elle s'écroule...)*

AGATHE : Quoi ! Ah non. C'est pas vrai. C'est pas possible. Vous n'allez pas vous endormir ici... Eh... Combien en avez-vous pris ?

DOMINIQUE : Je sais pas... Je sais plus...

AGATHE : Oh la la... C'est pas vrai ce qui m'arrive. Ne bougez pas. Je vais vous faire un café très fort... Où est la cuisine ?

DOMINIQUE : Il n'y en a pas !

AGATHE : Il n'y a pas de cuisine ?

DOMINIQUE : Non... Il n'y a pas de café !

AGATHE : J'en ai dans ma voiture. Essayez de tenir le coup. PUR ARABICA, emballage sous vide, fraîcheur garantie... et moulu en plus. *(Elle sort par le fond.)*

DOMINIQUE : Je l'avais vu ! Il ne fallait pas louer cette maison... Je l'avais vu !

JACQUES : *(il descend les escaliers avec la robe dans une main, un portefeuille dans l'autre)* Voilà, j'en ai profité pour fouiller un peu leurs affaires. J'ai trouvé le portefeuille du garçon... Il s'appelle... *(Il aperçoit Dominique effondrée par terre.)* Eh... oh... Dominique, réveille-toi ! DOMINIQUE !

DOMINIQUE : *(effondrée au pied de la chaise)* CA... FÉ !

JACQUES : Quoi ?

DOMINIQUE : Café, la bonne !

JACQUES : Qu'a fait la bonne ? Mais, je ne sais pas ce qu'elle a fait la bonne !

DOMINIQUE : Non ! La bonne... du café... elle en fait !

JACQUES : Ah bon ! Parfait. Elle a bien fait. Mais tu ne peux pas le boire ici !

DOMINIQUE : SI ! *(Et elle s'écroule par terre.)*

JACQUES : Mais non ! Pas sur la moquette ! Il faut t'allonger... Allez, viens par ici ! *(Il la prend sous le bras et l'entraîne vers la chambre deuxième plan jardin.)*

DOMINIQUE : ARA... BICA... la bonne...

JACQUES : Elle s'appelle ARABICA. Très bien... Sûrement une étrangère !

DOMINIQUE : Moulu...

JACQUES : Il n'y a pas qu'elle ! Moi aussi je suis moulu...

(Ils disparaissent pendant que Dominique continue… ARABICA… ARABICA… Le couple qui se cachait dévale les escaliers pour sortir de la maison… La jeune femme qui arrive à la porte deuxième plan cour pousse un cri et revient.)

L'HOMME : Qu'est-ce qu'il y a ?

LA FEMME : C'est Maurice ! Mon mari !

L'HOMME : Quoi ?

LA FEMME : C'est Maurice je te dis… Par ici… vite. *(Elle ouvre la porte de la cave.)*

L'HOMME : Et c'est ça que tu appelles un coin tranquille !!!

(Ils s'enferment dans la cave. Jacques ressort de la chambre, va récupérer la robe de la jeune femme qu'il avait laissée sur le canapé et sort premier plan jardin en oubliant le portefeuille.)

JACQUES : Maintenant il va falloir qu'ils s'expliquent ces deux-là !! *(Sortie de Jacques.)* … et la bonne ! qu'est-ce qu'elle fabrique… *(Il appelle.)* ARABICA… ARABICA…

(Agathe revient par le fond.)

AGATHE : Voilà dans deux minutes, il sera prêt. Ben… où elle est ?

(Un homme en blouse blanche apparaît à la porte-fenêtre côté cour.)

L'HOMME : OÙ ELLE EST ?

AGATHE : AAAAH… Qu'est-ce que c'est ?

L'HOMME : *(il est très grand, très fort et parle avec l'accent du midi… il est furieux)* OÙ ELLE EST ?

AGATHE : Qui ça ?

L'HOMME : Ma femme ! Où elle est ?

AGATHE : Ah c'est vous le mari !… c'est pas trop tôt…

L'HOMME : Où elle est ?

AGATHE : Eh oh… du calme. Je n'en sais rien où elle est là… elle n'y est plus…

L'HOMME : Eh oh… vous la copine… ça va comme ça !…

AGATHE : La quoi ?

L'HOMME : C'est ça... faites semblant de ne pas comprendre...

AGATHE : Ah... mais je ne fais pas semblant. Qui êtes-vous ?

L'HOMME : Son mari et vous le savez très bien... Où elle est ?

AGATHE : Mais arrêtez de hurler comme ça. Vous voyez bien qu'il n'y a personne ici... elle est partie.

L'HOMME : Partie...! Je viens de la voir y'a pas dix secondes… elle s'est sauvée quand elle m'a aperçu... elle se planque ici... Juliette !… Moi je ne bouge plus d'ici… et si elle arrive à se tirer, elle n'ira pas loin. Je lui ai crevé ses pneus.

AGATHE : Oh !

L'HOMME : Elle n'avait même pas rentré sa voiture cette andouille. C'est comme ça que je l'ai retrouvée, en voyant sa voiture dehors.

AGATHE : Ah bon...

L'HOMME : Eh oui, quand on veut se planquer, on planque aussi sa voiture...

AGATHE : C'est ce que je dis toujours.

L'HOMME : Pourquoi vous l'hébergez...? Elle vous a raconté que je la frappais c'est ça hein ! Et que je buvais et que je la trompais ! C'est ça hein...

AGATHE : Mais non !

L'HOMME : Mais si ! Et vous bonne poire vous la croyez, "Mon dieu, quelle horreur ce type." Viens chez moi, c'est pas là qu'il viendra te chercher. Seulement, manque de pot, j'ai vu sa voiture et me VOILÀ. JE SUIS LÀ ! Et va falloir qu'on s'explique. Pourquoi vous ne dites rien ?

AGATHE : Parce que je n'arrive pas à en placer une ! Mais, je vous préviens, si la dame qui était ici tout à l'heure revient, ce qui ne saurait tarder, vu l'état dans lequel elle était, et que vous lui touchez un seul de ses cheveux, c'est pas le café que je vous fais avaler, c'est LA TASSE ET LA CUILLÈRE AVEC, T'AS TOMPRIS GROS TAS. Maintenant, je m'arrête parce que quand je commence à tutoyer, c'est que je deviens dangereuse.

L'HOMME : *(calmé)* Eh... Oh... doucement. Je ne vous ai rien fait moi.

AGATHE : Il ne m'a rien fait ! Ça c'est la meilleure. Il débarque ici comme un bulldozer qui a perdu ses freins, il perquisitionne plus vite qu'un polyvalent, il m'appelle sa copine alors que c'est la première fois que je vois sa bobine et il trouve qu'il ne m'a rien fait !!! *(hurlant)* Et c'est quand le moment où vous allez me faire quelque chose ?

L'HOMME : Mais c'est pas contre vous que j'en ai !

AGATIIE : Alors si c'est pas contre moi, commencez par vous présenter, parce que moi je ne parle pas aux ostrogots dont je ne connais même pas le nom...

MAURICE : DECOUCHES... Maurice.

AGATHE : DEUX COUCHES. Ça vous va bien ça comme nom.

MAURICE : Pourquoi ?

AGATHE : Pour rien... A cause de la blouse... Vous êtes dans la peinture ?

MAURICE : Mais non je suis infirmier.

AGATHE : Ah pardon. Et vous la gardez en dehors des heures de travail ?

MAURICE : Mais je travaille là... J'ai un malade dans mon ambulance.

AGATHE : Vous avez un malade dans votre voiture ?

MAURICE : Oui.

AGATHE : Mais il doit s'inquiéter.

MAURICE : Je m'en fous. Où elle est ?

AGATHE : Il recommence. Ecoutez Monsieur DEUCOUCHES... Vous voyez une valise ici ?

MAURICE : Non. Pourquoi ?

AGATHE : Pourquoi ? Parce que mes valises, je n'ai pas encore eu le temps de les sortir de ma voiture à cause de votre femme alors qu'il y a une demi-heure, je ne la connaissais même pas.

MAURICE : Vous n'êtes pas sa copine ?

AGATHE : Mais qu'est-ce que c'est que cette histoire de copine ?

MAURICE : Tous les six mois, elle disparaît, en me laissant juste un petit mot : "Cherche pas à me retrouver, je suis chez une copine." C'est pour ça que j'ai cru que la copine c'était vous !

AGATHE : Et ben, non ! C'est pas moi !

MAURICE : Mais elle vous a bien parlé de moi quand même ?

AGATHE : Ah ça pour me parler de vous, elle m'a parlé de vous. Elle m'a même envoyée vous chercher dans le parc où parait-il vous étiez en train de courir après une fille nue avec un scooter.

MAURICE : Quoi ?

AGATHE : Et elle m'a dit que vous ne vouliez pas partir à l'hôpital avant d'avoir enfilé une robe !

MAURICE : Quoi ! Qu'est-ce que vous dites ?

AGATHE : Alors, forcément, moi j'ai cru que vous étiez un petit peu... *(Elle fait un geste efféminé.)* Vous voyez ?

MAURICE : NON ! UN PETIT PEU QUOI ?

AGATHE : Mais ne vous fâchez pas... Vous savez, ça arrive ces choses-là... Même dans les couples les plus unis...

MAURICE : QUOI ?

AGATHE : Non Rassurez-vous ! Vous, on voit tout de suite que vous êtes un homme... UN VRAI VIRIL ET TOUT... *(Elle l'imite.)* OÙ ELLE EST... OÙ ELLE EST... C'est pas un langage de minet ça ! Ah... Ça y est... J'ai compris... C'est votre blouse...

MAURICE : Qu'est-ce qu'elle a ma blouse ?

AGATHE : Pour votre femme, c'est pas une blouse... C'est une robe !

MAURICE : Mais elle est folle !

AGATHE : C'est pas moi qui l'ai dit la première.

MAURICE : *(il aperçoit le portefeuille d'Arnaud que Jacques a oublié de reprendre quand il est sorti avec la robe de Myriam)* Vous êtes vraiment seule ici ?

AGATHE : Oui. Avec votre folle... Avec votre femme !

MAURICE : C'est pas un portefeuille de femme ça !

AGATHE : Ah bon...

MAURICE : C'est un portefeuille d'homme...

AGATHE : Et alors ?

MAURICE : Alors, il y a un homme ici ! AUTOMATIQUE !

AGATHE : C'est Colombo mes enfants...

MAURICE : *(ouvrant le portefeuille)* ET ÇA, QU'EST-CE QUE C'EST ?

AGATHE : Je ne sais pas. Je n'ai pas mes jumelles !

MAURICE : *(il s'approche d'elle et lui met la carte sous le nez)* C'est la preuve ! *(Il lit la carte.)* Agence FAUCHIN. Toutes Transactions Immobilières. ACHAT-VENTE-LOCATION. Voilà... Ça ne fait pas trois mois qu'elle travaille là-bas. Je comprends maintenant pourquoi elle ne voulait pas que j'aille la chercher et pourquoi elle me faisait attendre dans le bistrot d'en face. Elle avait peur que je le rencontre son patron. Et bien, on va se rencontrer c'est moi qui vous le dit et pas plus tard que tout de suite... PARCE QU'IL EST ICI. Vous avez essayé de m'avoir, mais ça prend plus. Je vais me le payer celui-là, il paiera pour les autres. Où ils sont ?

AGATHE : Dites... C'est pas deux couches que vous tenez vous, c'est tout le pot et le pinceau avec. Si vous êtes sûr qu'il y a un homme ici et bien cherchez le, mais si vous n'avez pas quitté cette maison dans les cinq minutes, le temps que j'aille enfin chercher ma valise et que je m'installe, c'est l'estafette des gendarmes qui va se garer derrière votre ambulance... Salut...

(Elle sort... Maurice la suit, mais s'arrête à la porte-fenêtre, il tourne le dos au public.)

MAURICE : Eh ben... c'est ça... Appelez les gendarmes ! Le temps qu'ils arrivent, j'ai tout le temps de lui faire sa fête au propriétaire du portefeuille... parce qu'il EST ICI ! *(On entend au lointain la voix d'Agathe qui crie... MERDE...)* C'est ça ! Et grossière en plus... *(La porte du premier plan jardin s'ouvre. Jacques entre tout étonné d'apercevoir Maurice qui hurle.)* Parce qu'il est ici... Et que je vais vous retourner toute votre baraque... Et que je vais le trouver !! Et que je vais lui faire sa fête !! *(Il se retourne et aperçoit Jacques.)*

JACQUES : Mais qu'est-ce que ça veut dire ça ! Qui êtes-vous ?

MAURICE : *(ravi)* AAAAH... Qu'est-ce que je disais... Elle a bien failli m'avoir l'autre andouille...

JACQUES : Pardon !!!

MAURICE : Alors ! On préfère se montrer avant que je casse tout. On veut essayer d'arranger les choses à l'amiable peut-être ?

JACQUES : Arranger les choses ! Quelles choses ?

MAURICE : Ça suffit ! Taisez-vous... OÙ ELLE EST ?

JACQUES : Mais qui ça ??

MAURICE : *(avec un méchant sourire)* Votre chère secrétaire !

JACQUES : Ma secrétaire !!!!!!

MAURICE : Oui... Vous avez bien une secrétaire ? Vous n'allez pas le nier ça ?

JACQUES : Mais non... bien sûr... mais qui êtes-vous ?

MAURICE : Et ça dure depuis quand ?

JACQUES : Mais quoi ?

MAURICE : Votre petite histoire avec elle ? *(hurlant)* HEIN ! DEPUIS QUAND ?

JACQUES : Mais taisez-vous... Ma femme est là ! Si jamais elle apprend !

MAURICE : Et en plus, ça, se passe devant votre femme !... Eh bien chapeau. Vous ne manquez pas d'air vous ! OÙ ELLE EST ?

JACQUES : Ecoutez. Si vous êtes son père, je vais vous expliquer...

MAURICE : Son père ! Mais il se fout de moi en plus...

JACQUES : Vous n'êtes pas son père ???

MAURICE : Non Monsieur. Je suis son mari et vous le savez très bien...

JACQUES : Mais qu'est-ce que vous racontez ? Elle n'est pas mariée !!

MAURICE : Vous voulez me faire croire qu'elle vous a fait le coup du célibat ?

JACQUES : Mais non ! Je suis sûr que Cécile...

MAURICE : Quelle Cécile ?

JACQUES : Mais parlez plus bas bon sang... Je vous dis que Cécile...

MAURICE : Mais quelle Cécile ! Je vous parle de JULIETTE !

JACQUES : JULIETTE !

MAURICE : Oui. Je viens de la voir, il n'y a pas cinq minutes. Elle s'est cavalée ici quand elle m'a vu dans le jardin et si je n'avais pas trouvé votre portefeuille... *(Il lui montre...)*

JACQUES : Mais ce portefeuille n'est pas à moi ! Arrêtez de délirer mon vieux.

MAURICE : Ah... Je délire ! Il me pique ma femme et en plus il me traite de cinglé. *(Il l'attrape et commence à l'étrangler.)* Maintenant, y'en a marre ! Tu vas me dire où elle est salaud, sinon, je t'écrabouille...

JACQUES : AAAH... AH... Arrêtez...

MAURICE : Où elle est ? Tu vas parler fumier... hein ! OÙ ELLE EST ?

(Attirée par les cris, Agathe se précipite dans la maison. Elle a une valise à la main qu'elle lâche quand elle aperçoit la scène.)

AGATHE : AAH... Mais c'est pas vrai... D'où il sort celui-là... Mais lâchez-le... Vous allez le tuer... *(Elle essaye de faire lâcher prise à Maurice.)* Mais c'est Dallas ici. *(N'y parvenant pas, elle court chercher une bûche dans la cheminée, elle revient et d'un seul coup elle assomme Maurice.)* Voilà... Comme ça, elle ne repartira pas à vide ton ambulance... Eh ben... c'est pas une villa tranquille ici ! C'est le métro aux heures de pointe !! *(Jacques se redresse péniblement.)* Et qui c'est encore celui-là ! Eh... oh... Mais... Oh... c'est pas vrai ! On dirait ! C'est pas possible ! C'est pas lui ! Eh… oh… Ça va mieux ?

JACQUES : Oui... Ça va mieux... merci... sans vous...

AGATHE : Vous ne seriez peut-être plus là !

JACQUES : Je crois. C'est pas vrai ce qui m'arrive... C'est la deuxième fois...

AGATHE : La deuxième fois ?

JACQUES : Oui… En arrivant tout à l'heure, je me suis déjà fait attaquer.

AGATHE : Ici ?

JACQUES : Oui ici... Exactement au même endroit !!

AGATHE : Mais qu'est-ce que vous faisiez là ?

JACQUES : Comment ce que je faisais là ! Mais je suis chez moi...

AGATHE : Oh... pardon... Vous êtes le propriétaire ?

JACQUES : Mais non... le locataire...

AGATHE : Quoi ! Mais c'est pas possible...

JACQUES : Ah non... ça ne va pas recommencer ! Pourquoi c'est pas possible ?

AGATHE : Mais parce que c'est moi...

JACQUES : Mais qu'est-ce que vous racontez… Qui êtes-vous ?

AGATHE : Je suis… Je suis... Vous ne me... Je viens de vous le dire... LA LOCATAIRE…

JACQUES : Mais c'est à devenir fou.

AGATHE : Mais non… Vous avez dû confondre avec la villa d'à côté... elles se ressemblent…

JACQUES : Mais non… Je connais parfaitement cette maison. Je l'ai habitée huit jours l'année dernière avec des amis qui m'avaient invité. Et cette année, nous avons décidé de partager le prix de la location... Je ne suis pas fou quand même.

AGATHE : Moi non plus. C'est ma sœur qui l'a louée pour moi... Elle habite à Nice avec ma fille Brigitte. Elles vont arriver et vous le confirmeront.

JACQUES : Mais, vous, c'est la première fois que vous voyez cette maison ?

AGATHE : Moi oui... Mais pas ma sœur...

JACQUES : Alors c'est vous qui vous trompez ! Allez voir à côté !

AGATHE : C'est pas la "SINECURE" ici ?

JACQUES : Si c'est bien ça !

AGATHE : Alors ! Vous avez déjà vu deux villas côte à côte qui portent le même nom...?

JACQUES : Ecoutez... Il va falloir éclaircir cette histoire le plus vite possible...

AGATHE : Je suis bien de votre avis...

JACQUES : Parce que ça commence à faire beaucoup. Ce fou, le squatter, la fille nue...

AGATHE : Il y avait vraiment une fille nue ici ?

JACQUES : Mais oui. Là-haut, dans la chambre...

AGATHE : Elle est là-haut ?

JACQUES : Non ! Maintenant elle est dans le parc. J'ai voulu la ramener ici, mais quand elle vous a aperçue, elle a eu peur et elle m'a supplié de la cacher pour ne pas que vous l'aperceviez...

AGATHE : Pourquoi avait-elle peur de moi ?

JACQUES : Mais, je n'en sais rien !

AGATHE : Et le squatter, c'est vrai aussi ?

JACQUES : Mais oui, c'est son amant. C'est lui qui m'a assommé la première fois !

AGATHE : Oh la la... Oh la la...

JACQUES : Qu'est-ce qu'il y a ?

AGATHE : *(elle montre Maurice)* Il y a que sa femme, elle m'a raconté tout ça et moi, j'ai cru qu'elle était folle !

JACQUES : Sa femme !! Elle est vraiment là ?

AGATHE : Oui, alors si c'est vous l'amant vous feriez mieux de déguerpir avant qu'il ne se réveille.

JACQUES : Mais il est fou ce type ! Je ne la connais pas sa femme. Moi, je suis ici avec la mienne !

AGATHE : Votre femme est ici ???

JACQUES : Mais oui... Elle dort... là... *(Il indique la chambre deuxième plan jardin où il a emmené Dominique.)*

AGATHE : Attendez... Attendez... Vous permettez...

JACQUES : Oui... mais qu'est-ce que...

AGATHE : Attendez je vous dis. J'ai dû rater un épisode ! *(Elle ouvre la porte de la chambre, jette un coup d'œil et ressort aussitôt.)* C'est à vous ça ?

JACQUES : Pardon ?

AGATHE : Je veux dire... c'est votre femme qui dort là ?

JACQUES : Mais oui... Pourquoi ?

AGATHE : Parce qu'il m'a dit que c'était la sienne.

JACQUES : La sienne ! Mais il est fou...

AGATHE : Mais non. C'est un infirmier. Son ambulance est dehors.

JACQUES : Mais c'est peut-être un fou qui s'est déguisé en infirmier pour s'échapper !

AGATHE : Ouh là ! Alors, appelez les gendarmes. En plus, ils nous aideront à débrouiller notre histoire ! Parce qu'il n'est pas question que je quitte cette maison !

JACQUES : Moi non plus...

AGATHE : Alors appelez-les. Et reprenez votre portefeuille.

JACQUES : Mais ce portefeuille n'est pas à moi !

AGATHE : Alors, il est à qui ?

JACQUES : Au squatter ! Je lui ai promis de le lui rendre, quand il m'aurait dit ce qu'il faisait ici avec la fille...

AGATHE : Comment s'appelle-t-il ?

JACQUES : Arnaud FAUCHIN...

AGATHE : FAUCHIN. J'ai déjà entendu ce nom-là... Ah... mais c'est le fou tout à l'heure qui a parlé d'un FAUCHIN... *(Elle trouve une photo dans le portefeuille.)* Aaaah... C'est pas vrai... C'est pas possible !

JACQUES : Quoi ?

AGATHE : Vous savez qui c'est, cette fille ?

JACQUES : Oui ! C'est la fille nue !

AGATHE : Non ! C'est la mienne !

JACQUES : Quoi ?

AGATHE : C'est la fille de ma fille ! C'est ma petite fille !

JACQUES : Vous êtes sûre ?

AGATHE : Comment si je suis sûre. Je n'en ai pas quarante... Et ça, qu'est-ce que c'est ? *(Elle lit :)* "ARNAUD CHÉRI À TOI POUR LA VIE. MYRIAM."… Mais qui est ce type ?

JACQUES : Mais je vous l'ai dit. C'est le squatter !

AGATHE : Et c'est elle qui se promenait toute nue dans le parc ?

JACQUES : Mais oui !

AGATHE : Mais non, elle est en Angleterre ! Oh, la petite garce… Elle n'est pas en Angleterre… Je comprends maintenant pourquoi elle avait peur de moi ! Et elle n'avait pas tort ! Parce que ça va chauffer pour elle. *(Elle rend le portefeuille à Jacques.)* Vous, appelez les gendarmes… *(Elle sort premier plan cour en disant :)* A nous deux ma petite fille.

ARNAUD : *(il apparaît premier plan jardin)* Vite... elle est partie...

JACQUES : Ah... Vous voilà... Pourquoi ne m'avez-vous pas dit que c'était votre grand-mère ?

MYRIAM : Comment le savez-vous ?

JACQUES : Mais parce qu'elle vient de me le dire !

ARNAUD : Mais comment le sait-elle ?

JACQUES : Quoi ?

ARNAUD : Que c'est Myriam ! Elle ne l'a pas encore vue !

JACQUES : Et ça ! Qu'est-ce que c'est que ça ?

MYRIAM : Elle a vu ma photo ?

JACQUES : Eh oui...

ARNAUD : Mais il ne fallait pas la lui montrer...

MYRIAM : Mais non, il ne fallait pas...

JACQUES : Mais c'est pas moi... Elle a ouvert le portefeuille, croyant que c'était le mien...

MYRIAM : Arnaud, on ne peut pas rester ici...

JACQUES : Où voulez-vous aller ?

ARNAUD : Je ne sais pas, mais on ne peut plus rester ici...

JACQUES : Mais vous ne pourrez pas vous cacher éternellement. Il faut la voir, lui parler...

MYRIAM : Le plus tard possible, elle est terrible quand elle est en colère !

JACQUES : Bon... Laissez-moi faire. Remontez dans votre chambre et attendez que je vous appelle !

MYRIAM : Qu'est-ce que vous allez lui dire ?

JACQUES : Je vais essayer de la calmer. Ensuite, je vous appelle...

MYRIAM : Mais...

JACQUES : Y'a pas de mais... Allez, grimpez vite. Je n'ai pas que ça à faire moi. Il faut que je m'occupe de ma femme… Allez… Allez… Bon ! la grand-mère est dans le parc… les enfants sont là-haut, le dingue est ici… qui est-ce que j'oublie ? Ah oui… ma femme ! Dominique… je suis là… Dominique. *(Il sort deuxième plan jardin.)*

(Les deux jeunes gens grimpent les escaliers. Jacques entre dans la chambre de Dominique, pendant cette scène Myriam et Arnaud n'ont pas vu le corps de Maurice allongé par terre… qui était caché par le canapé.
La porte de la cave s'ouvre. L'homme croyant qu'il n'y a plus personne sort rapidement en faisant signe à la jeune femme de le suivre… ce qu'elle fait. Elle aperçoit le corps de Maurice allongé derrière le canapé. Elle pousse un hurlement et s'enfuit en suivant l'homme par le fond. (Entrée principale)
Maurice se redresse brusquement. Il se met à hurler.)

MAURICE : JULIETTE...! JULIETTE ! Je t'ai vue... Reviens...

(Jacques attiré par les cris sort de la chambre… Arnaud également attiré par les cris apparaît en haut de l'escalier.)

JACQUES et **ARNAUD** : Qu'est-ce qui se passe ?

MAURICE : Je les ai vus ! Ils sont là !

JACQUES : Qui ça ?

MAURICE : Ma femme et son amant !

JACQUES : Ah bon, c'est plus moi l'amant...

MAURICE : *(il sort en courant derrière sa femme)* Mais non tu as vu ta tronche !

JACQUES : C'est vraiment pas la SINECURE ICI... *(On entend un bruit de moteur.)* Nom de Dieu ! Ma voiture... *(Il sort en courant. A Arnaud.)* Vite... Ils volent ma voiture !

(Arnaud descend l'escalier et le suit. On entend dehors, les hurlements de Maurice... et de Jacques. Maurice revient le premier.)

MAURICE : Ils n'iront pas loin. Je vais les coincer avec l'ambulance.

AGATHE : *(entre)* Qu'est-ce qui se passe ?

MAURICE : Elle s'est tirée la garce...

AGATHE : Myriam ?

MAURICE : Mais non pas Myriam... Je m'en fous de Myriam... *(Il sort entrée cour.)*

AGATHE : Pas moi... Où est-elle ?

JACQUES : *(revient, suivi d'Arnaud... qui découvre Agathe)* Ils sont partis avec...

AGATHE : Avec Myriam ?

JACQUES : Mais non je m'en fous de Myriam. Avec ma voiture. Ils viennent de voler ma voiture...

AGATHE : *(à Jacques)* Vous êtes sûr que Myriam n'était pas dans cette voiture ?

JACQUES : Mais non... d'après l'infirmier, ils n'étaient que deux. Sa femme et son amant...

AGATHE : Et d'où sortaient-ils ?

JACQUES : Comment voulez-vous que je le sache... j'étais dans la chambre... il faut appeler la Police...

AGATHE : Non. Les affaires de famille, ça se règle en famille...

JACQUES : Mais c'est pour ma voiture ! *(Il compose le numéro de la gendarmerie.)*

AGATHE : *(à Arnaud comme si elle le connaissait)* Et voilà. Myriam a disparu. Et lui, à quoi il s'intéresse ? A sa voiture ! Qu'est-ce que vous dites de ça ?

ARNAUD : *(perdu)* Moi ?

AGATHE : Ben oui... A qui je parle en ce moment ? A vous... *(Elle réalise qu'elle ne l'a jamais vu...)* Une seconde. *(A Jacques montrant Arnaud.)* Qu'est-ce que c'est ça ?

JACQUES : *(au téléphone)* Allô... Mais qu'est-ce qu'ils fabriquent ?

AGATHE : Qui êtes-vous ?

ARNAUD : Eh bien...

AGATHE : Ne me dites pas que vous aussi vous avez loué cette maison ?

ARNAUD : Non.

AGATHE : Ah bon ! Parce que, s'il y en a un qui arrive quand un autre s'en va, on n'en sortira pas.

JACQUES : ALLÔ !

AGATHE : Allô ! Oh... ce qu'il m'énerve celui-là avec sa voiture... ALORS qui êtes-vous...?

ARNAUD : Arnaud...

AGATHE : Arnaud qui ? Arnaud quoi ?

ARNAUD : Arnaud FAUCHIN...

AGATHE : Encore un FAUCHIN !!! Mais il y a un nid !

JACQUES : Allô...

AGATHE : Pas le FAUCHIN DU PORTEFEUILLE ?

ARNAUD : Si...

AGATHE : Je le tue... *(Elle se jette sur Arnaud. Jacques pose le téléphone et s'interpose.)*

JACQUES : Attendez !

AGATHE : Attendre quoi ! Il a violé ma Myriam et vous voulez que j'attende !

JACQUES : Mais non il ne l'a pas violée...

AGATHE : Qu'est-ce que vous en savez ?

JACQUES : Parce que s'il l'avait violée, elle ne lui aurait pas donné sa photo... *(Arnaud s'est réfugié derrière Jacques.)* Enfin... réfléchissez... On n'écrit pas : "A toi Pour la Vie" à un violeur !!!

AGATHE : C'est vrai... Ou alors il faut vraiment avoir aimé ça... Mais qu'est-ce que vous faites dans cette maison avec Myriam ? Pourquoi n'est-elle pas en Angleterre ! Et sa mère, elle est au courant ? Pourquoi elle ne m'a rien dit ? Et pourquoi, elle n'est pas là ? Où elle est sa mère ? Alors... Répondez ! *(Arnaud, réfugié derrière Jacques lui parle à voix basse.)* Il a coupé le son ! J'ai rien entendu. Qu'est-ce qu'il a dit ?

JACQUES : Il croyait que la maison était vide, et comme ils ne savaient pas où dormir...

AGATHE : Parce que vous croyez qu'ils ne font que dormir... Mais regardez-le... il n'a même pas eu le temps de se rhabiller... RHABILLEZ-VOUS... Quel âge avez-vous ?

ARNAUD : *(bas)* Vingt-deux ans...

AGATHE : Qu'est-ce qu'il a dit ?

JACQUES : Il dit qu'il a vingt-deux ans.

AGATHE : Et vous le croyez ?

JACQUES : Ben... il ne fait pas plus...

AGATHE : Mais je m'en fous de son âge, je vous demande si vous croyez que c'est possible que ma petite Myriam quitte ses poupées pour aller dormir avec ce babouin qui pourrait être son père...?

JACQUES : Ah non...

AGATHE : Ah, vous êtes d'accord ?

JACQUES : Non... je veux dire... vous exagérez, ils ont vraiment l'âge de dormir ensemble...

AGATHE : Et pourquoi ici ? Hein ! Pourquoi ici ?

JACQUES : Il l'a dit ça. Parce qu'il pensait que la maison était vide.

AGATHE : Et pourquoi il pensait ça ?

JACQUES : Pourquoi pensiez-vous ça...?

ARNAUD : *(toujours à voix basse derrière Jacques)* Parce que c'est mon père qui s'occupe…

AGATHE : PLUS FORT. ON NE VA PAS PASSER PAR UN INTERPRÈTE TOUTE LA JOURNÉE... Alors pourquoi ?

ARNAUD : *(très fort)* Parce que c'est mon père qui s'occupe de la louer...

JACQUES : L'Agence FAUCHIN, c'est votre père ?

ARNAUD : Oui...

JACQUES : Alors, c'est à votre père, que mes amis ont loué ?

AGATHE : Et ma sœur aussi ?

ARNAUD : Non. C'est pas possible !

AGATHE et **JACQUES** : Pourquoi ?

ARNAUD : Parce que cette année, elle n'était pas à louer...

JACQUES : Mais qu'est-ce que vous racontez ?

AGATHE : Il est en train de nous expliquer que cette année, comme la maison n'était pas à louer, son père l'a louée deux fois...

ARNAUD : Mais non !

AGATHE : Mais si ! Allez hop, les gendarmes ! Vous vous expliquerez avec eux. Pour ça et pour détournement de mineur... *(Elle prend le téléphone qui est toujours dans les mains de Jacques. C'est un téléphone sans fil.)* Allô… Qu'est-ce que c'est ? La gendarmerie ? Mais je vous ai pas encore appelée !!!

JACQUES : Mais c'est moi ! Pour ma voiture !

AGATHE : Ah pardon... C'est lui...

ARNAUD : Mais je vous jure que c'est vrai...

AGATHE : *(au téléphone)* Une seconde. *(A Arnaud.)* Qu'est-ce qui est vrai ?

ARNAUD : J'étais dans le bureau de mon père, quand le propriétaire Monsieur DELAUNAY, lui a téléphoné, pour lui dire que cette année, il ne voulait pas la louer, parce qu'il l'avait mise en vente.

AGATHE : *(au téléphone)* Non mais vous l'entendez ! Maintenant, elle est vendue... LA MAISON... Elle est vendue !!! Il est sourd celui-là ! Une seconde. *(A Arnaud.)* A QUI ?

ARNAUD : Mais je n'en sais rien.

AGATHE : *(au téléphone)* Il n'en sait rien. On croit rêver non ! Comment de quoi je parle ! Faut suivre mon vieux. Une seconde... *(A Arnaud.)* Elle est vendue ?

ARNAUD : Mais oui. Et c'est pour ça que je suis venu ici cette nuit avec Myriam ! Parce que j'étais sûr qu'il n'y avait personne.

AGATHE : Et où est-elle Myriam, hein ? *(Au téléphone.)* Mais non c'est pas à vous que je parle ! Vous ne connaissez pas Myriam ? Alors, suivez au lieu de me couper tout le temps... *(A Arnaud.)* Alors, où est-elle ? Qu'est-ce que vous en avez fait ? Et parlez plus fort. *(Elle montre le téléphone.)* Parce qu'il a pas l'air doué lui !

ARNAUD : Elle s'est sauvée ! Elle a eu peur de vous !

AGATHE : *(au téléphone)* Non mais, vous l'avez entendu. Peur de moi ! Ma petite fille ! Que j'adore... et qui m'adore ! Quoi ? J'ai pas compris ! Vous pouvez répéter… Avec une grand-mère pareille ça ne vous étonne pas… Vous savez ce qu'elle vous dit la grand-mère ? Quoi ?… Non mais, tu t'es vu toi avec ton gros ventre, tes moustaches et ton képi de travers ! Crétin ! *(Elle raccroche.)* Ah elle est belle la gendarmerie Française. Et d'abord, où l'avez-vous connue Myriam ?

ARNAUD : A l'Agence. Elle accompagne souvent votre sœur quand elle vient travailler chez nous.

AGATHE : PARCE QUE MA SŒUR TRAVAILLE CHEZ VOUS...

ARNAUD : A mi-temps... Elle fait un peu de comptabilité pour mon père...

AGATHE : Et voilà... elle a pris sa retraite depuis cinq ans, mais elle ne peut pas s'arrêter. Et c'est peut-être aussi pour ça qu'elle n'est toujours pas là ! C'est pas comme les jeunes d'aujourd'hui qui ne pensent qu'à séduire les filles plutôt que de travailler. FAINEANT !

ARNAUD : Mais... je travaille...

AGATHE : Ah oui... Et qu'est-ce que vous faites ?

ARNAUD : Je fais ARCHI !

AGATHE : Il fait ARCHI ! ARCHI FAINEANT !

ARNAUD : Non Madame ! Etudiant en architecture !

AGATHE : *(séduite)* Oh... c'est vrai... c'est bien ça. Ça, vous voyez, ça me plaît bien. *(A Jacques.)* Hein c'est bien...

JACQUES : Ah oui... très bien…

AGATHE : C'est le métier dont je rêvais pour ma fille...

JACQUES : Ah bon…

AGATHE : Oui. Parce que moi je n'avais pas pu le faire... mais elle, cette idiote à quoi elle pense… à chanter….

JACQUES : A chanter ?

AGATHE : Eh oui. C'est pour ça qu'elle vit sur la côte... elle a même un petit orchestre et elle fait tous lés bals de la région... C'est bien aussi remarquez... mais ça ne vaut pas architecte... Vous ne trouvez pas ?

JACQUES : Tout à fait...

AGATHE : Bien... Etant donné que vous êtes Architecte...

ARNAUD : Pas encore…

AGATHE : Comment pas encore ?

JACQUES : Il vient de vous le dire... il étudie.

AGATHE : Pour devenir Architecte ?

ARNAUD : Oui...

AGATHE : Et bien il le sera. C'est moi qui vous le dit... Parce que je vais les surveiller ses études. A partir d'aujourd'hui, JE SURVEILLE ! je veux un gendre architecte, j'aurai un gendre architecte...

JACQUES : Un gendre ?

AGATHE : Eh oui... puisqu'il va épouser Myriam... il va devenir le gendre de ma fille... donc le mien. Eh bien... vous voyez, c'est réglé. Qu'est-ce qu'il y a ?

JACQUES : Vous ne croyez pas que vous allez un peu vite ?

AGATHE : Parce qu'il n'a pas été vite, lui ?

JACQUES : Oui... mais de là, à fonder une famille.

AGATHE : Quelle famille ?

JACQUES : Ben... s'ils ont des enfants !

AGATHE : Des enfants ! Ça ne va pas ! Ma petite Myriam avoir un enfant, alors que c'est encore un vrai bébé... Les enfants ce sera pour plus tard. Quand il aura ses diplômes et qu'il aura construit sa maison... D'accord ?

MYRIAM : *(elle apparaît en haut des escaliers)* Non !

(Agathe se retourne.)

AGATHE : Non... Pourquoi non ?

MYRIAM : Parce que j'en attends un !!!!

AGATHE : *(elle ne trouve plus sa respiration)* AAAH.... AAAAH....

MYRIAM : *(descend les escaliers affolée)* MÉMÉ...

AGATHE : AAAH...

JACQUES et **ARNAUD** : Madame !!!...

AGATHE : AAAH...

JACQUES : Asseyez-vous... Il faut l'asseoir...

MYRIAM : MÉMÉ !!

ARNAUD : Madame SIDOUX !!!

JACQUES : SIDOUX ?... Vous avez dit SIDOUX ?

ARNAUD : Ben... c'est son nom !!!

JACQUES : Agathe !!!

AGATHE : Ah... quand même ! *(Elle se redresse et fait semblant de se révanouir.)*

MYRIAM : Vous vous connaissez ?

JACQUES : Oui depuis la guerre d'Algérie.

MYRIAM : C'était en quelle année ?

AGATHE : *(se redresse)* Ça ne te regarde pas ! Est-ce que je te demande ton âge, moi ? Va t'allonger.

MYRIAM : M'allonger !!

AGATHE : Pas avec lui !... Pour l'enfant... Ne commence pas à le fatiguer ce petit... Va t'allonger je te dis !

MYRIAM : Mais Mémé... C'est tout récent… Je le sais depuis huit jours...

AGATHE : Justement, la première semaine… faut faire attention… C'est la plus dangereuse...

MYRIAM : Ah bon !!!

AGATHE : Oui... Ne discute pas... J'ai besoin d'être seule... avec lui... *(Elle montre Jacques.)* Jacques... Dites-leur de nous foutre un peu la paix...

JACQUES : Vous voulez bien nous laisser seuls quelques instants...

ARNAUD : Avec plaisir...

JACQUES : Remontez dans la chambre... *(A Myriam.)* Vous voyez... tout s'arrange...

MYRIAM : Merci... Viens Arnaud...

(Ils grimpent les escaliers et disparaissent dans la chambre.)

JACQUES : Ça alors... c'est extraordinaire... Quand m'avez-vous reconnu !

AGATHE : Oh... presque tout de suite... Vous n'avez pas changé.

JACQUES : Vous non plus !

AGATHE : C'est pour ça qu'il vous a fallu une heure pour me reconnaître ?

JACQUES : Non... mais...

AGATHE : Vous aviez peur d'avoir affaire à un sosie ?

JACQUES : Voilà !

AGATHE : Moi aussi. Alors je n'ai pas osé... Et de quoi aurais-je eu l'air si vous n'aviez gardé aucun souvenir île moi.

JACQUES : Mais comment aurais-je pu vous oublier ?

AGATHE : Et comment pouvais-je le savoir, Lieutenant PERTHUIS...

JACQUES : Capitaine... Maintenant je suis Capitaine de réserve...

AGATHE : Eh ben... il s'en passe des choses en trente-cinq ans...

JACQUES : Trente-cinq ans, déjà ?

AGATHE : Eh oui, ne comptez pas... Ça fait trente-cinq ans... Vous aviez vingt ans, moi j'en avais presque vingt-huit.

JACQUES : Vous ne les paraissiez pas.

AGATHE : Oh...

JACQUES : Ah non... je vous assure. Tous mes amis vous en donnaient dix-huit.

AGATHE : Oh... il faut les faire revenir ! C'est bon pour le moral.

JACQUES : Et vous ne m'avez pas oublié ?

AGATHE : Non. Et pourtant vous l'auriez bien mérité.

JACQUES : Pourquoi ?

AGATHE : Il demande pourquoi ? Pas une lettre en trente-cinq ans. Ne serait-ce que pour dire qu'il était bien rentré !

JACQUES : Ah... j'aurais bien voulu... mais...

AGATHE : Vous n'avez pas trouvé d'enveloppe ?

JACQUES : Mais non... mais...

AGATHE : Taisez-vous... je sais... Vous aviez une petite fiancée qui vous attendait...

JACQUES : Eh oui...

AGATHE : Vous m'aviez montré sa photo. Vous vous souvenez ?

JACQUES : Non...

AGATHE : Moi, je me souviens… elle était charmante… *(Elle montre la chambre.)* C'est pas celle-là ?

JACQUES : Non…

AGATHE : Ah bon… je me disais aussi… elle a bien changé…

JACQUES : *(choqué)* Oh…

AGATHE : Mais non… Je plaisante… N'empêche que je préférais l'autre… elle était plus… elle était moins…

JACQUES : Elle était plus jeune !

AGATHE : Voilà… C'est ça ! Aaaah… Sacré Jacques ! Qu'est-ce qu'on a pu s'amuser tous les deux, tu te souviens ? Oh pardon ! Vous vous souvenez ?

JACQUES : Mais, on ne va pas se vouvoyer !

AGATHE : On peut se dire tu, c'est vrai ?

JACQUES : Mais oui…

AGATHE : Comme là-bas ?

JACQUES : Mais oui…

AGATHE : Ah… Sacré Jacques ! Qu'est-ce que tu fais ?

JACQUES : Je te regarde.

AGATHE : Mais non ! Comme métier ?

JACQUES : Ah… Je suis avocat…

AGATHE : AVOCAT ! aaah aaah… C'est pas vrai… Aaah Aaah…

JACQUES : Ça te fait rire que je sois avocat ?

AGATHE : Ah oui… AAAH AAAH… Tu ne bégayes plus ?

JACQUES : Mais qu'est-ce que tu racontes ? Je n'ai jamais bégayé ?!

AGATHE : Ah si ! Tu ne te souviens pas ! La première fois que mon père t'a surpris à la maison ? "Qu'est-ce que vous foutez là Lieutenant PERTHUIS ?" Tu bégayais !

JACQUES : Dis donc… C'était mon Commandant et toi tu m'avais raconté que tes parents étaient au cinéma à Alger !

AGATHE : MAIS c'était vrai ! Mais comme il y avait eu une alerte à la bombe, ils étaient revenus précipitamment.

JACQUES : Résultat, je me suis retrouvé comme un imbécile au garde à vous devant toi !

AGATHE : Oh... Je t'aimais bien tu sais, quand tu étais au garde à vous devant moi et devant papa !

JACQUES : Qu'est-ce que j'ai bien pu lui raconter ?

AGATHE : Mais rien ! Tu bégayais je te dis ! "Excusez-moi mon coco... mon coco..." Tu n'en sortais pas une. C'est moi, qui suis venue à ton secours ! "C'est moi Papa... Il y a eu une panne de lumière dans le bâtiment et j'ai appelé le Lieutenant qui passait dans la cour."

JACQUES : Ah oui... Je me souviens ! Et ton père : "Et alors ! Elle est revenue la lumière. Qu'est-ce que vous attendez pour foutre le camp ?"

AGATHE : Et toi... "Oui mon coco... Elle est revenue la LULU... la LULU... mon coco..." AAAAH.... AAAH... AAAAH...

AGATHE et **JACQUES** : Mon coco... Commandant. Aaah... aaah... aah... ah... Oh... Oh... Oh... Aah...

(Ils ont un immense fou rire.)

JACQUES : Ah Ah... Qu'est-ce qu'il devient ?

AGATHE : Papa…

JACQUES : Oui…

AGATHE : Il se repose...

JACQUES : Où ça ?

AGATHE : Entre son père et sa mère...

JACQUES : Ah... c'est sympa de leur part... Oh… pardon… Excuse-moi... je ne savais pas.

AGATHE : Tu sais. Il avait quatre-vingt-dix ans… et puis, il a bien vécu.

JACQUES : Ça... comme bout en train...

AGATHE : Oui. Mais s'il avait pu se tenir un peu plus tranquille.

JACQUES : Comment ça ?

AGATHE : Il était un petit peu trop ALGÉRIE FRANÇAISE, tu vois ?

JACQUES : Ah oui...

AGATHE : Alors il a été cassé… et ça l'a brisé… elle a été longue sa retraite… Pauvre papa… il est bien où il est… maintenant.

JACQUES : Je l'aimais bien tu sais…

AGATHE : Et moi donc…! *(Elle se reprend.)* Mais nous n'allons quand même pas pleurer le jour où on se retrouve… Jacques… c'est formidable… le jour de mon anniversaire…

JACQUES : C'est ton anniversaire ?

AGATHE : Demain… C'est pareil ! On va faire un grand méchoui pour fêter ça, et tu seras là… C'est formidable.

JACQUES : Mais…

AGATHE : Il n'y a pas de mais… tu vas rester…

JACQUES : Mais, il n'est pas question que je m'en aille.

AGATHE : Ah bon… tu m'as fait peur ! Tu vas retrouver plein de gens que tu as connus là-bas... on sera quarante...

JACQUES : Quarante ??

AGATHE : Oui… mais pas ici… On fera ça autour de la piscine…

JACQUES : Attends… attends… Ce n'est pas possible ça…

AGATHE : Comment ce n'est pas possible…?

JACQUES : Mais non… je ne peux pas recevoir quarante personnes ici ??

AGATHE : Mais ce n'est pas toi qui les reçois… c'est moi…

JACQUES : Mais je suis ici chez moi…

AGATHE : Non… c'est moi…

JACQUES : Tu peux le prouver ?

AGATHE : Et toi ?

JACQUES : Mais oui. Je vais faire un saut à l'hôpital… et je te ramène le contrat de location…

AGATHE : Et moi, ma sœur va m'apporter le mien ici…

JACQUES : Alors ça… je demande à voir…

AGATHE : Ce ne sera pas long… Mais je te préviens, si tu ne restes pas pour mon anniversaire, ce n'est pas trente-cinq ans que tu resteras sans me voir…

JACQUES : Mais c'est impossible... C'est peut-être ton anniversaire demain, mais moi, demain à la même heure, j'ai organisé ici un dîner très important avec mon associé... Nous avons invité quatre clients américains qui veulent nous confier toutes leurs affaires en Europe. Je vais les chercher à l'aéroport... Je ne vais pas les coller dans ton méchoui...

AGATHE : Et pourquoi pas...! Qu'est-ce qu'il a mon méchoui ? Ils n'aiment pas ça tes américains…?

JACQUES : Mais, je n'en sais rien... mais...

AGATHE : Ne t'inquiète pas. On rajoutera des hamburgers...

JACQUES : Mais c'est pas ça... mais... ma femme...

AGATHE : Qu'est-ce qu'elle a ? Elle est végétarienne ?

JACQUES : Arrête tu veux... Tu parles comme si tu étais sûre de rester ici...

AGATHE : Mais j'en suis sûre...

JACQUES : *(qui s'énerve)* Agathe... Arrête un peu...

AGATHE : Ah non. Nous n'allons pas nous fâcher aujourd'hui, ce serait trop bête... calme-toi... on verra ça plus tard...

JACQUES : Mais quand plus tard...

AGATHE : Tout à l'heure... On a tout le temps de s'engueuler tout à l'heure, mais pas maintenant... Jacques... je suis tellement heureuse. Je vais être arrière-grand-mère... tu te rends compte...

JACQUES : Arrière-grand-mère ?

AGATHE : Mais oui... Myriam... qui attend un bébé…

JACQUES : Oui… bon... d'accord... mais ne mélangeons pas tout.

AGATHE : Oh si… mélangeons... mélangeons tout. On se retrouve... c'est mon anniversaire, les Américains, les hamburgers, mon arrière-petit-fils… parce que ce sera un garçon, j'en suis sûre... Ta femme végétarienne, ta voiture volée… ma fille qui va arriver, ma sœur qui va s'évanouir quand elle va apprendre que tu es là… tes amis à l'hôpital et Maurice avec son ambulance…

JACQUES : C'est de la démence !

AGATHE : Mais non... c'est formidable je te dis... Embrasse-moi... Trente-cinq ans, Jacques, on se retrouve au bout de trente-cinq ans et tu ne m'as même pas embrassée !

JACQUES : C'est vrai...

AGATHE : Alors... qu'est-ce que tu attends ! Tu ne veux pas...?

JACQUES : Mais si...

AGATHE : *(elle se jette dans ses bras, au même moment la porte de la chambre s'ouvre et Dominique entre)* Oh... Jacques... je suis tellement heureuse...

JACQUES : Et moi donc... *(Ils s'embrassent... Dominique pousse un hurlement... Jacques, affolé, se précipite vers sa femme qui hurle toujours… et s'évanouit… Agathe hurle de rire... Arnaud et Myriam sortent de leur chambre affolés par les cris.)*

AGATHE : AAAAH.... AAAAH... Mon pauvre Jacques. Je n'ai pas l'impression que tu vas avoir des vacances de rêve... AAAAH... AAH...

FIN DU PREMIER ACTE

<u>**NOTE**</u> : Il est plus intéressant de jouer la pièce sans entracte.

Dominique apparaît à la porte deuxième plan jardin au moment où Agathe se jette dans les bras dé Jacques.

DOMINIQUE : SALAUD !

JACQUES : QUOI ?

DOMINIQUE : Je le savais ! Je l'avais vu... j'en étais sûre ! SALAUD !

(Et on enchaîne...)

ACTE II

Quand le rideau se relève, Jacques est à côté de Dominique que l'on a allongée sur le canapé... elle reprend lentement ses esprits...

JACQUES : Dominique... c'est moi... Jacques... Réponds-moi... Dominique... mais enfin... qu'est-ce qui t'arrive ?

DOMINIQUE : Salaud...

JACQUES : Quoi ?

DOMINIQUE : Je le savais ! Je l'avais vu... J'en étais sûre… Salaud !

JACQUES : Mais qu'est-ce qui te prend ! Calme-toi voyons…

DOMINIQUE : Me calmer ! Après ce que je viens de voir...

JACQUES : Mais qu'est-ce que tu as vu ?

DOMINIQUE : Tu n'étais pas en train d'embrasser la femme de ménage peut-être ?

JACQUES : *(sidéré)* Quelle femme de ménage ????

(Agathe hurle de rire.)

DOMINIQUE : Inutile de nier. Je vous ai vus... Et je sais que ça dure depuis trois ans... Je l'avais vu dans les cartes...

JACQUES : Mais qu'est-ce que tu racontes ????

DOMINIQUE : La vérité ! Et tu le sais très bien... Trois ans que tu la connais... Salaud...

AGATHE : *(riant)* Ah non ! Trente-cinq... ça fait trente-cinq ans !!

DOMINIQUE : Et elle se fiche de moi, en plus !

JACQUES : Mais non… Calme-toi... Je vais t'expliquer.

DOMINIQUE : Non… rien... Je ne veux plus rien entendre. Fiche le camp... *(Elle est près de la porte de la cuisine dont elle ouvre la porte.)* Je ne sortirai d'ici que lorsque tu auras quitté cette pièce, afin que je puisse reprendre ma valise et partir. Je ne veux plus jamais te revoir... JAMAIS... *(Elle s'enferme dans la cuisine.)*

AGATHE : *(tranquille)* Elle ne serait pas un peu jalouse !!

JACQUES : *(effondré)* C'est épouvantable... mais c'est épouvantable... Qu'est-ce que je peux faire ?

AGATHE : *(riant)* Trouver un bon avocat !

JACQUES : Ah non... Je t'en prie. Cesse de plaisanter... Ce n'est pas le moment... D'abord, qu'est-ce que c'est que cette histoire de femme de ménage ?

AGATHE : Quand elle m'a vue tout à l'heure, elle a cru que c'était moi !

JACQUES : La femme de ménage ?

AGATHE : Oui. Et comme moi je la croyais un peu dérangée... je n ai pas voulu la contrarier…

JACQUES : Oh la la la mais il faut lui expliquer... Où est-elle ?

AGATHE : Mais elle est là ! *(Elle montre la cuisine.)*

JACQUES : Mais non... La femme de ménage ? Elle était dans les chambres tout à l'heure.

AGATHE : Tu l'as vue ?

JACQUES : Mais oui... dans les escaliers... pas toi ?

AGATHE : Ah non… tu sais... ici... dès qu'on s'absente un peu il se passe beaucoup de choses…

JACQUES : Il faut la chercher.

MAURICE : *(il apparaît à la porte d'entrée)* Vous ne la trouverez pas.

JACQUES et **AGATHE** : *(surpris, se retournant)* QUOI ?

AGATHE : Mais qu'est-ce que vous faites encore ici vous ?

JACQUES : Et pourquoi on ne la trouvera pas ?

MAURICE : Parce que c'est ma femme !

JACQUES et **AGATHE** : La femme de ménage ????

MAURICE : Mais elle n'est pas femme de ménage... elle est secrétaire chez Fauchin...

JACQUES : QUOI !

AGATHE : Qu'est-ce que ça devient difficile de trouver du personnel !!!

JACQUES : Mais alors qu'est-ce qu'elle faisait là ?

MAURICE : Elle apportait des vêtements à son frère...

JACQUES : Son frère ?

MAURICE : Eh oui... Je m'étais trompé... c'était pas son amant... c'était son frère... il se planquait ici depuis huit jours...

JACQUES : Mais pourquoi ?

MAURICE : Parce qu'il est en cavale...

AGATHE : En cavale ?

MAURICE : Eh oui. Il s'est évadé des Baumettes la semaine dernière et comme sa sœur avait entendu dire à l'Agence que la maison ne serait pas louée cette année, elle le planquait ici.

AGATHE : C'est un gangster ?

MAURICE : Oh... moi je dirais un petit truand de rien du tout... mais c'est son frère... et elle l'adore... mais les gendarmes ils la surveillaient, parce qu'ils se doutaient bien qu'il essaierait de la contacter. Ça n'a pas raté ! Tout à l'heure quand je les poursuivais, ils étaient derrière moi, les gendarmes ! Ils m'ont doublé et ils les ont coincés... Voilà... maintenant ils veulent vous voir...

JACQUES : Qui ça ?

MAURICE : Les gendarmes...

JACQUES : Mais qu'est-ce que j'ai à voir là-dedans moi ?

MAURICE : Mais pour votre voiture...

JACQUES : Ah c'est vrai... ma voiture... je n'y pensais plus. Où est-elle ?

MAURICE : A la gendarmerie. Ils vous attendent. Je me suis permis de leur dire que je vous connaissais... et je suis venu vous prévenir... et aussi m'excuser de ce que je vous ai fait tout à l'heure...

JACQUES : *(à Agathe)* Qu'est-ce que je fais ?

AGATHE : Et bien vas-y...

JACQUES : Il faut d'abord que je lui parle. *(Il montre la cuisine.)*

AGATHE : C'est peut-être trop tôt...

JACQUES : Mais non... Dominique...

DOMINIQUE : *(off)* MERDE !

AGATHE : C'est trop tôt...

MAURICE : Ah oui... Là, c'est trop tôt.

JACQUES : Mais, je ne peux pas partir sans lui expliquer...

AGATHE : Je vais le faire...

JACQUES : Toi !

AGATHE : Mais oui... Quand tu seras parti, elle sortira et on s'expliquera...

JACQUES : Tu crois ?

AGATHE : J'en suis sûre... Allez file...

JACQUES : Mais je n'ai pas de voiture !!

AGATHE : Prends la mienne... les clefs sont dessus...

JACQUES : *(dépassé)* Bon... Bien... Alors j'y vais. Tu m'attends ? Tu ne pars pas ?

AGATHE : Et où veux-tu que j'aille... je suis chez moi ici...

JACQUES : Mais non !

AGATHE : Mais si !

JACQUES : Ecoute... Je vais en profiter pour passer à l'hôpital... et je te ramène le contrat de location...

AGATHE : C'est ça. Et moi, ma sœur va m'apporter le mien... Ça nous fera de la lecture ! AAAH AAAH AAAH...

JACQUES : Que tout ça te fasse rire... Ça me dépasse.

AGATHE : Je vais t'avouer quelque chose... J'ai toujours peur de m'ennuyer en vacances ! Et bien là... pas du tout... je m'amuse comme une folle...

JACQUES : Et bien pas moi. Dominique enfermée dans cette cuisine, mes amis à l'hôpital, ma voiture à la gendarmerie et toi qui te prétends chez toi ici... je t'avoue que ça ne m'amuse pas du tout !

AGATHE : Reconnais au moins qu'on ne s'embête pas...?

JACQUES : Ça c'est vrai... On n'a pas le temps...

AGATHE : Et puis, on s'est retrouvé...

JACQUES : C'est vrai... mais j'aurais préféré que ce soit en d'autres circonstances...

AGATHE : Mais tout va s'arranger tu vas voir... tiens... tu as déjà retrouvé ta voiture... C'est une bonne nouvelle ça !

JACQUES : C'est vrai... au moins une... bon et bien, je te laisse faire avec elle, *(il indique la cuisine)* et je reviens le plus vite possible.

AGATHE : C'est ça... mais fait attention de ne pas avoir un accident... je ne voudrais pas te perdre le jour où je te retrouve... AAH... AAH...

JACQUES : Ça ne me fait pas rire du tout... *(Il sort.)*

MAURICE : Et quand il va voir sa voiture, il rira encore moins…

AGATHE : Ah bon... qu'est-ce qu'elle a ?

MAURICE : Elle est encastrée dans le mur du vieux cimetière… j'ai pas osé le lui dire... je préfère que les gendarmes s'en chargent...

AGATHE : Oh la la... le pauvre... c'est vraiment pas son jour !

MAURICE : Bon... eh bien... je vais vous laisser...

AGATHE : C'est ça ! Je crois que l'on s'est tout dit !

MAURICE : Sauf que je ne vous ai pas encore présenté mes excuses... c'est aussi pour ça que je suis revenu...

AGATHE : C'est gentil ça ! Mais dépêchez-vous de me les présenter... J'ai une petite mission à remplir.

MAURICE : Eh bien je vous présente mes excuses... Voilà...

AGATHE : Eh bien je les accepte. Voilà... Au revoir Monsieur Deucouches...

MAURICE : Vous êtes vraiment une femme formidable vous !

AGATHE : Ah bon vous trouvez ?

MAURICE : Ah oui… Moi, je vous trouve formidable.

AGATHE : Tiens !

MAURICE : Ah oui… votre allure, votre tempérament, votre gaieté, votre humour… Franchement… vous me plaisez…

AGATHE : Eh bien… Franchement, ça fait plaisir à entendre…

MAURICE : C'est vrai ?

AGATHE : Ah oui. Vous m'auriez parlé de mon physique, j'aurais été comblée… mais c'est déjà très bien comme ça… Il ne faut pas trop demander…

MAURICE : Ah… mais ça… le physique… vous savez… moi, je m'en fous…

AGATHE : Ah bon… ça explique tout…!

MAURICE : Mais non… vous ne m'avez pas compris, je veux dire que ce n'est pas le physique qui m'attire chez une femme…

AGATHE : C'est les jambes ?

MAURICE : Mais non… C'est le charme ! Et du charme vous en avez… Ça, vous pouvez me croire…

AGATHE : Ah mais je ne demande pas mieux… Je me régale en ce moment moi… Je me régale…

MAURICE : Parce que le charme… ça ne s'explique pas… c'est subjectif… si vous connaissez ce mot là…!

AGATHE : Ah oui… très bien je ne suis pas analphabète vous savez !

MAURICE : Ah bon… parce que moi je l'ai lu il n'y a pas très longtemps… et c'est la première fois que je l'emploie ce mot là…

AGATHE : Et ça tombe sur moi ! Eh bien, dites donc… je ne vais pas me plaindre !

MAURICE : Dites, je l'ai bien placé là ?

AGATHE : Pile… pile. Ne changez rien.

MAURICE : Le charme… voyez-vous… c'est comme qui dirait… comme qui dirait…

AGATHE : Comme qui dirait quoi ?

MAURICE : Le reflet de l'âme… voilà… et ça… une belle âme, ça se voit tout de suite que vous en avez une…

AGATHE : Il y a longtemps que je n'avais pas passé une journée comme ça moi !!!

MAURICE : Vous ne m'en voulez pas de vous dire tout ça ?

AGATHE : Vous en vouloir ! Mais au contraire...! Je vous remercie... je suis très flattée... je vous écouterais bien encore un petit quart d'heure, malheureusement j'ai la cuisine à vider...

MAURICE : Je peux peut-être vous aider...?

AGATHE : Non... merci j'arriverai bien à la convaincre toute seule... Mais ça m'ennuie de vous laisser partir comme ça... vous prendrez bien un petit café ?

MAURICE : C'est pas de refus...

AGATHE : Bon et bien vous attendez deux minutes, parce que l'eau pour faire le café c'est là-dedans... *(En montrant la cuisine.)*

MAURICE : Oh je ne suis pas pressé ! Ma femme est en cabane... alors...

AGATHE : Bon... allons-y… *(Elle va à la porte.)* Madame... vous pouvez sortir... Jacques est parti… Venez... Je vais vous expliquer ce qui s'est passé...

MAURICE : Elle ne répond pas...

AGATHE : Elle boude un petit peu. C'est normal... Ecoutez-moi, je ne suis pas la femme de ménage... Je m'appelle Agathe SIDOUX.

MAURICE : Oh... c'est joli ça !

AGATHE : Quoi ?

MAURICE : Votre nom... j'adore… et ça vous va bien… SIDOUX… Ça chante ce nom-là.

AGATHE : Vous êtes très gentil… mais c'est pas l'heure du club des poètes… il faut la faire sortir...

MAURICE : Et si je faisais le tour par le jardin... vous lui parlez d'un côté, moi de l'autre... A deux, ça ira peut-être plus vite !

AGATHE : Pourquoi pas. Essayez... mais ne la brusquez pas...

MAURICE : Non. Faites-moi confiance... Je vais lui parler en douceur... *(Il sort.)*

AGATHE : Très bien... Moi aussi. *(Elle s'énerve.)* Bon. Ecoutez... maintenant ça suffit... Je ne vais pas rester des heures derrière cette porte. J'ai un café à préparer moi. Alors, sortez ! Je vous répète que Jacques est parti, et que vous vous êtes méprise sur son comportement et sur le mien ! Je ne me moquais pas de vous tout à l'heure. Jacques et moi on se connaît depuis trente-cinq ans, c'est vrai ! Quand il faisait son service militaire en Algérie. Mais on ne s'était jamais revu depuis. Alors, on est tombé dans les bras l'un de l'autre... c'est normal, il n'y a pas de quoi en faire un drame ! *(On entend un bruit épouvantable derrière la porte. Porte cassée, carreaux brisés, suivi d'un hurlement de Dominique qui ouvre la porte, traverse le plateau toujours en hurlant et sort par la porte premier plan jardin. Maurice apparaît derrière elle... Arnaud est sorti de la chambre attiré par les cris et le bruit.)* Qu'est-ce que vous avez fait ?

MAURICE : Ben... j'ai défoncé la porte...

AGATHE : C'EST ÇA QUE VOUS APPELEZ, Y ALLER EN DOUCEUR !!!

MAURICE : Mais c'est à cause des médicaments...

AGATHE : Quels médicaments ?

MAURICE : Je l'ai vue avaler tout un tube... j'ai cru qu'elle se suicidait. *(Il montre le tube.)* Alors, j'ai tout défoncé... je n'ai pas bien fait ?

AGATHE : Je ne sais pas ! Je ne sais plus !!

MAURICE : Qu'est-ce que je fais ?

AGATHE : Rattrapez-la... si elle a fait ça, il faut l'emmener tout de suite à l'hôpital !!!

MAURICE : Ça tombe bien, j'ai l'ambulance ! Je vous la ramène tout de suite Madame SIDOUX... *(Il réfléchit.)* C'est vraiment un joli nom... SIDOUX...

AGATHE : Ah non ! Là !... C'est vraiment pas le moment !!!!

MAURICE : Vous avez raison... Excusez-moi. *(Il sort en criant... "Madame... Madame... revenez...")*

(Myriam apparaît en haut des escaliers.)

AGATHE : Qu'est-ce que tu fais là, toi. Je t'ai dit de rester allongée !

MYRIAM : Voilà maman !!

AGATHE : Ta mère ! Tu es sûre ?

MYRIAM : Mais oui... j'ai reconnu sa voiture... *(Elle descend les escaliers.)*

AGATHE : Où vas-tu ?

MYRIAM : Il ne faut pas qu'elle me trouve ici !

ARNAUD : Moi non plus...

AGATHE : *(avec autorité)* Remonte dans la chambre !

MYRIAM : Mais Mémé !

AGATHE : Remonte, je te dis... et ne discute pas. Ta mère, je m'en occupe...

MYRIAM : Tu vas lui dire que je suis là ?

AGATHE : Quand elle sera calmée ! Parce que... quand elle va apprendre que tu attends un enfant... ça va barder...

MYRIAM : Elle va me tuer...

AGATHE : Mais non... je suis là. Va t'allonger et fais-moi confiance... Au fait... Myriam... le bébé... tu es sûre que tu veux le garder...

MYRIAM : *(outrée)* MÉMÉ !

AGATHE : Bon... très bien... Moi aussi figure-toi, je le veux... Dépêche-toi la voilà...

MYRIAM : Merci Mémé...

(On entend le bruit de la voiture qui s'arrête. Myriam remonte dans la chambre. Arnaud la suit...)

AGATHE : Eh... vous... l'étalon, où allez-vous ?

ARNAUD : Mais vous venez de dire...

AGATHE : Pas vous... c'est pas une maison close ici, allez plutôt donner un coup de main à l'infirmier, il peut avoir besoin d'aide, et attendez que je vous appelle pour revenir... *(On entend la voix de Brigitte qui paraît affolée et qui crie : "MAMAN... MAMAN.")* Allez vite.

ARNAUD : Oui Madame...

AGATHE : Mémé... appelez-moi Mémé...

ARNAUD : Oui Mémé...

AGATHE : Voilà j'aime mieux ça ! *(Il sort premier plan jardin.)*

BRIGITTE : Maman !! Maman !!

AGATHE : Allons bon. Pourquoi elle a l'air affolé comme ça ! Qu'est-ce que je vais encore apprendre ? *(Elle va à la porte-fenêtre.)* Mais je suis là... Brigitte !! Qu'est-ce que tu as à crier comme ça !

BRIGITTE : Ah... tu es là... Oh... ce que tu m'as fait peur... Ah la la...

AGATHE : Moi ?

BRIGITTE : Mais enfin maman... L'ambulance !

AGATHE : Eh bien quoi l'ambulance ?

BRIGITTE : Mais, j'ai cru que c'était pour toi !

AGATHE : Ah bon... Quand tu vois une ambulance : "Allez hop... c'est pour ta mère."

BRIGITTE : Mais enfin... tu es toute seule ici !

AGATHE : Toute seule !... Alors là, tu as tout faux ma chérie... C'est le trop plein ici.

BRIGITTE : Qu'est-ce que tu racontes ?

AGATHE : Dis donc... maintenant que tu sais que je ne suis pas morte, ça t'ennuierait de m'embrasser...

BRIGITTE : Excuse-moi. Bonjour maman...

AGATHE : Bonjour ma chérie... *(Elles s'embrassent.)* Et ma sœur ! Elle arrive quand ma sœur ?

BRIGITTE : Pas avant midi. Elle a un travail à finir. Comme j'étais libre elle m'a demandé de venir voir si tu avais bien trouvé la maison.

AGATHE : Eh bien tu vois je l'ai trouvée...

BRIGITTE : Elle te plaît ?

AGATHE : Je n'ai pas encore eu le temps de la visiter... mais au premier abord ça m'a l'air pas mal du tout...

BRIGITTE : Tu vas bien...

AGATHE : Très bien et toi.

BRIGITTE : Moi oui mais parlons de toi...

AGATHE : Ah non de toi d'abord... Et ton disque... Où en es-tu de ton disque ? Ça avance ?

BRIGITTE : Oui... Mais.

AGATHE : Tu as trouvé l'argent pour le produire ?

BRIGITTE : Pas encore. Tu sais ça coûte très cher...

AGATHE : Combien te manque-t-il ?

BRIGITTE : Oh... au moins cent mille francs...

AGATHE : Eh bien, je te les prête.

BRIGITTE : Toi ?

AGATHE : Mais oui... Qu'est-ce que c'est que cent mille francs !

BRIGITTE : Mais maman... le mois dernier, j'ai voulu t'en emprunter vingt, tu as refusé.

AGATHE : Le mois dernier... c'était le mois dernier... je ne savais pas...

BRIGITTE : Qu'est-ce que tu ne savais pas ?

AGATHE : Je ne savais pas que je te les prêterais... aujourd'hui, je te les prête, pour fêter la naissance du petit...

BRIGITTE : La naissance du petit ? Quel petit ?

AGATHE : Oui... là... je vais peut-être un peu vite. Du petit... du petit disque...

BRIGITTE : Mais qu'est-ce que tu racontes maman ?

AGATHE : Comment qu'est-ce que je raconte... tu ne vas pas faire un trente-trois tours...

BRIGITTE : Non... ça n'existe plus…

AGATHE : Eh non, ça n'existe plus… Tu vas faire un C.D.... C'est pas grand un C.D... c'est petit, et c'est pour fêter la naissance du petit C.D. que je te prête les cent mille bébés... Euh ! les cent mille francs... Il va être mignon le petit C.D… Qu'est-ce qu'il va être mignon !

BRIGITTE : Tu ne veux pas t'allonger un petit peu maman !!!

AGATHE : Pourquoi ! Je ne suis pas fatiguée. Ah... je vois... tu crois que je suis folle ?

BRIGITTE : ... Mais non... mais...

AGATHE : Mais si... C'est normal... Ça m'a fait ça tout à l'heure...

BRIGITTE : Tu as eu un malaise ?

AGATHE : Mais non... moi aussi j'ai cru qu'elle était folle...

BRIGITTE : Qui ça ?

AGATHE : La femme de Jacques... quand elle m'a raconté l'histoire du squatter qu'elle avait assommé parce qu'il croyait que Jacques voulait violer la fille nue...

BRIGITTE : Maman !!!

AGATHE : Non... attends... tu vas tout comprendre. Et, là tu vas rire... parce que la fille nue c'était... Ah non... là tu ne vas pas rire du tout. Et je te comprends... parce que moi aussi… ma première réaction a été plutôt violente... mais quand j'ai su qu'il était architecte… ça m'a… ça m'a calmée tu vois... et ça m'a permis de réfléchir… Architecte… le métier dont je rêvais pour toi... Enfin le principal c'est que tu sois heureuse et que tu fasses ton disque… et les cent milles francs c'est vrai tu sais... je n'ai qu'une parole... Tu peux compter sur moi... Bon... et bien maintenant que tout est réglé, il faudrait peut-être que je te présente l'architecte…

BRIGITTE : L'architecte...!

AGATHE : Eh oui, il est dans le parc avec Maurice... Je ne l'ai pas laissé filer tu penses bien... et puisque tu es d'accord... je vais l'appeler... c'est pas la palme... les voilà...

(On entend des hurlements dans le parc... Maurice essaye de raisonner Dominique.)

MAURICE : *(off)* Madame... Madame... écoutez-moi...

DOMINIQUE : *(off)* Lâchez-moi, vous entendez... lâchez-moi...

MAURICE : *(off)* Je vais vous expliquer...

DOMINIQUE : *(off)* Non je veux voir mon mari... Où est-il... c'est avec lui que je veux m'expliquer...

BRIGITTE : Mais qu'est-ce que c'est que tous ces gens ?

AGATHE : Mais je viens de te le dire... C'est le trop plein...

(La porte s'ouvre sur Dominique qui entre, suivie de Maurice et d'Arnaud.)

DOMIINIQUE : Où est Jacques ! Je veux le voir immédiatement. Où est-il ?

AGATHE : *(furieuse)* AU CIMETIÈRE. SA VOITURE, S'EST ÉCRASÉE CONTRE UN MUR…

(Dominique pousse un hurlement et s'écroule dans les bras de Maurice qui a eu juste le temps de la récupérer avant qu'elle ne touche le sol.)

AGATHE : Qu'est-ce qu'elle a ? Qu'est-ce que j'ai dit ?

MAURICE : Eh... Vous lui avez dit que son Jacques était mort...

AGATHE : Mais non. J'ai dit qu'il était à la gendarmerie.

MAURICE : Mais non ! Vous avez dit au cimetière...

AGATHE : Ah bon... Eh bien, je me suis trompée ça peut arriver à tout le monde... *(Maurice a Dominique dans les bras... Il regarde Brigitte tétanisé.)* Qu'est-ce que vous avez ? Ah c'est ma fille que vous regardez comme ça...

MAURICE : C'est votre fille ?

AGATHE : Eh oui pourquoi ! Je n'ai pas le droit...

MAURICE : Ah... elle est belle !! Qu'est-ce qu'elle est belle !

AGATHE : Ah oui, ça elle est belle...

MAURICE : C'est vous avec...

AGATHE : Avec trente ans de moins... merci, je le sais... elle s'appelle Brigitte.

MAURICE : Oh c'est joli ça Brigitte... Ça chante ce nom-là...

AGATHE : Ah bon... elle aussi. Qu'est-ce qui ne chante pas avec vous ! Heureusement que Myriam est trop jeune pour vous...

MAURICE : Myriam ?

AGATHE : Ah oui... sa fille, que vous avez vue tout à l'heure... Qu'est-ce que je raconte moi, que vous n'avez pas vue tout à l'heure puisqu'elle est en Angleterre, n'est-ce pas ma chérie...

BRIGITTE : Mais oui...

AGATHE : Tu as de ses nouvelles ?

BRIGITTE : Non pas encore...

AGATHE : Rassure-toi ça ne va pas tarder...

BRIGITTE : Mais qui est ce Monsieur ?

AGATHE : C'est Maurice... l'infirmier qui est en train de remplir son ambulance avec ça... et cette dame... c'est un peu plus compliqué...

MAURICE : *(qui porte toujours Dominique évanouie)* Dites... ça ne vous ennuierait pas de finir les présentations un peu plus tard... je fatigue moi... Qu'est-ce que j'en fais ?

AGATHE : Et bien, remettez-la dans la chambre, elle se plaît bien là-dedans...

MAURICE : D'accord... je vais essayer de la ranimer...

(Il sort, suivi par Arnaud qui s'esquive discrètement.)

AGATHE : Merci. Vous êtes gentil... Il est vraiment charmant ! Figure-toi que tout à l'heure...

BRIGITTE : Maman !

AGATHE : Oui ma chérie !

BRIGITTE : Pourquoi lui as-tu parlé de Myriam ?

AGATHE : Pourquoi ? Mais je ne sais plus… Ah si... tout à l'heure on parlait de l'Angleterre... et comme Myriam est en Angleterre... Parce qu'elle est bien là-bas tu en es sûre ?

BRIGITTE : Mais oui. C'est moi qui l'ai accompagnée à la gare.

AGATHE : Et tu as attendu le départ du train ?

BRIGITTE : Non… Je n'avais pas le temps...

AGATHE : Eh oui… Ton orchestre... tes répétitions...

BRIGITTE : Mais qu'est-ce que tu veux dire ?

AGATHE : Je veux dire, qu'elle non plus, elle n'a pas attendu le départ du train...

BRIGITTE : Quoi ! Elle n'est pas partie ?

AGATHE : Eh non...

BRIGITTE : Mais pourquoi ?

AGATHE : Pourquoi... Pourquoi... ! Peut-être parce qu'elle a rencontré quelqu'un qui lui a donné envie de rester.

BRIGITTE : Ne me dis pas qu'elle est amoureuse ?

AGATHE : Eh si...

BRIGITTE : De qui ?

AGATHE : Mais de l'architecte...

BRIGITTE : Enfin, maman de qui parles-tu ? Qui est ce garçon ? Où est-il ?

AGATHE : Mais il est là... *(Elle se retourne et ne voit plus Arnaud.)* Ah ben non, il n'est plus là... Courageux, mais pas téméraire !

BRIGITTE : Tu veux dire qu'elle est amoureuse du garçon qui vient de s'en aller ?

AGATHE : Oui. Mais rassure-toi, il va revenir.

BRIGITTE : Tu plaisantes ?

AGATHE : Eh non... Et si tu la regardais de temps en temps, ta fille, tu t'en serais aperçue... Ça se voit, ces choses-là...

BRIGITTE : Mais je la vois tous les jours, Myriam !

AGATHE : Tu la vois... mais est-ce que tu la regardes ?

BRIGITTE : Pourquoi me dis-tu tout ça ?

AGATHE : Parce que, bientôt, que tu le veuilles ou non, tu ne pourras pas faire autrement que de le voir.

BRIGITTE : Mais voir quoi ?

AGATHE : Qu'elle est... Qu'elle est...

BRIGITTE : Qu'elle est quoi ?

JACQUES : *(entrant)* Foutue... Elle est foutue...

BRIGITTE : Myriam ???

AGATHE : Mais non... Il parle de sa voiture...

JACQUES : Tu le savais ?

AGATHE : Mais oui, Maurice me l'a dit !

JACQUES : Mais pourquoi me l'a-t-il pas dit ?

AGATHE : Il n'a pas osé. Tu connais ma fille ?... Mais non Bien sûr ! Suis-je bête ! Brigitte, je te présente Jacques PERTHUIS dont je t'ai parlé, tout à l'heure... dont je ne t'ai pas parlé tout à l'heure...

BRIGITTE : Enchantée.

JACQUES : Enchanté.

BRIGITTE : Et Myriam ?

JACQUES : Et ma femme ?

AGATHE : Une seconde ! Je ne peux pas répondre à tout le monde en même temps.

BRIGITTE : Où est-elle ?

JACQUES : *(montrant la cuisine)* Elle est toujours dans la cuisine ?

AGATHE : Non. Elle a éprouvé le besoin de prendre un bol d'air dans le parc et elle a opté pour une sieste. Maurice la surveille.

BRIGITTE : Et Myriam ?

MAURICE : *(sortant de la chambre)* Elle est toujours dans les vaps.

BRIGITTE : Quoi ???

AGATHE : Mais non... Pas Myriam... Tiens, tu sais ce que tu devrais faire ? Va rejoindre l'architecte. Il te le dira, lui, où elle est, Myriam.

BRIGITTE : Il le sait ?

AGATHE : Bien sûr qu'il le sait ! Puisque je viens de te dire qu'il pouvait te le dire !

BRIGITTE : *(elle fonce vers la porte)* Tu ne pouvais pas me le dire ? *(Elle sort jardin.)*

AGATHE : Mais c'est ce que je viens de te dire ! Si on me laissait parler de temps en temps... Ouf ! Ça m'arrange que ce soit lui qui lui annonce que sa fille attend un bébé... Moi, je n'y arrivais pas.

JACQUES : Ça va lui faire un choc.

AGATHE : Elle s'en remettra !

MAURICE : En attendant, moi, je vais m'occuper de la dame, là... *(Il montre la chambre.)*

JACQUES : Qu'est-ce qu'elle a la dame, là ?

MAURICE : Eh... c'est qu'elle aussi, elle a reçu un choc !

JACQUES : Quel choc ?

AGATHE : Ce n'est rien. Elle a cru que tu étais mort... Alors...

JACQUES : Mort ? Mais qu'est-ce que tu racontes ?

AGATHE : Je me suis un peu emmêlée dans mes explications et elle a cru que tu t'étais écrasé avec ta voiture dans le mur du cimetière.

JACQUES : Mais c'est épouvantable !!!

AGATHE : Mais non, puisque tu es vivant.

JACQUES : Mais il faut le lui dire... *(Il se dirige vers la porte de la chambre.)*

MAURICE : Non. Restez là. Je m'en occupe. Il faut la réveiller d'abord. J'ai ce qu'il faut dans l'ambulance. *(Il sort.)*

JACQUES : Mais comment as-tu pu lui dire une chose pareille ?

AGATHE : Ah, tu permets ! Avec tout ce que je subis depuis que j'ai débarqué ici, j'ai un petit peu le droit à l'erreur, non ? C'est mon premier jour de vacances ! Et puis, ne t'affole pas comme ça. Dès qu'elle te verra, elle sautera de joie.

JACQUES : Avec ce que je vais lui annoncer, ça m'étonnerait !

AGATHE : Qu'est-ce qui t'arrive encore ?

JACQUES : On n'a plus rien à faire ici. Mes amis m'ont tout avoué...

AGATHE : Ah bon ? Tu as eu le temps de passer les voir à l'hôpital ?

JACQUES : Pas eu besoin... J'ai téléphoné de la gendarmerie. Je les ai appelés à l'hôpital. Ils étaient de mèche avec le directeur de l'Agence FAUCHIN, tu te rends compte !

AGATHE : Quoi ?

JACQUES : Oui. Le gamin disait la vérité tout à l'heure, la maison est bien vendue. Mais comme il n'y avait que la promesse de vente de signée, le propriétaire avait décidé de ne par la louer cette année ! Mais comme il quittait la région tout l'été, FAUCHIN s'est dit qu'il ne courait aucun risque en la louant à mes amis, sans le prévenir.

AGATHE : Et tes amis ont accepté cette combine ?

JACQUES : Oui, parce qu'il leur laissait la maison à moitié prix. FAUCHIN se mettait 50 000 Francs dans la poche et eux passaient des vacances à l'œil parce que les 50 000 Francs, c'était ma part qu'ils donnaient à FAUCHIN.

AGATHE : Qu'est-ce qu'ils font, tes amis ?

JACQUES : Avocats... comme moi.

AGATHE : Et bien... Tu ne me donneras pas leur adresse... Ils t'ont carrément escroqué !

JACQUES : Je ne comprends pas ! Je ne comprends pas !

AGATHE : Ils ont peut-être des ennuis d'argent ?

JACQUES : Mais non ! Lui, travaille avec moi, et sa femme a une grosse fortune personnelle. *(Maurice entre avec une boite à pharmacie.)* Elle n'a absolument pas besoin de ça !

MAURICE : Ah bon ? Elle est réveillée...?

JACQUES : *(montrant la chambre)* Mais non, ce n'est pas d'elle dont je parle !

MAURICE : Ah bon ! Excusez-moi... Faut suivre ici... Faut suivre ! Dites donc, vous n'êtes pas très subjectif vous ! *(A Agathe.)* Je l'ai bien placé là ?

AGATHE : Ah non. Là vous avez tout faux. Vous n'êtes pas très coopératif, avec deux O.

MAURICE : Deux O... Oh la la, il faut que je le travaille celui-là. *(Il sort.)*

AGATHE : Mais dis donc... si tu t'es fait avoir, peut-être que moi aussi !

JACQUES : Mais non ! FAUCHIN n'est pas assez bête pour louer la maison à deux clients différents en même temps !

AGATHE : Mais alors, ma sœur, comment s'est-elle débrouillée ?

JACQUES : Tu le sauras quand elle arrivera.

BRIGITTE : *(off)* Allez. dépêchez-vous ! C'est honteux, vous m'entendez ? C'est honteux !

AGATHE : C'était sûr qu'elle n'allait pas bien le prendre !

(La porte s'ouvre. Brigitte entre en poussant Arnaud.)

BRIGITTE : Et bien, entrez... Qu'est-ce que vous attendez ?

AGATHE : *(doucement)* Ça y est... Vous avez fait connaissance ?

BRIGITTE : Maman... je t'en prie... Ce n'est pas le moment de plaisanter !

AGATHE : C'est vrai. Tu as raison.

BRIGITTE : Tu sais combien ça va me coûter, cette histoire ?... Cinq mille francs...

AGATHE : Cinq mille francs !?

BRIGITTE : Mais oui, c'est le prix !

AGATHE : Le prix !!!?

BRIGITTE : Son stage en Angleterre !!! Il m'a coûté cinq mille francs !

AGATHE : Ah bon...

BRIGITTE : Oui. Et ils sont fichus. Ils ne vont pas me rembourser ! *(A Arnaud.)* Merci jeune homme. Ce n'est pas pour le plaisir que je l'envoyais là-bas, figurez-vous ! C'est parce qu'elle est nulle en anglais ! Et à cause de vous, elle va rater son bac ! Mais ça, bien entendu, vous vous en foutez ! Et toi aussi !

AGATHE : Moi !

BRIGITTE : Oui, toi ! Tu es là, tu ne bouges pas, tu ne dis rien. Ça te paraît très bien, tout ça ?

AGATHE : Ah non... Non... Mais il y a quelque chose qui m'échappe…

BRIGITTE : C'est pourtant clair !

AGATHE : Attends, qu'est-ce qu'il t'a raconté exactement ?

BRIGITTE : Et bien qu'il est fou amoureux de Myriam et que c'est lui qui l'a empêché de partie en Angleterre !

AGATHE : C'est tout ?

BRIGITTE : Pourquoi ? Il y a autre chose ?

AGATHE : Non... Si... Attends. *(A Arnaud.)* Alors, vous, bravo ! C'est trop facile, mon petit bonhomme ! Quand on a fait ce que vous avez fait, on a au moins la décence d'avertir la mère de la fille à qui vous avez fait ce que vous avez fait ! Voilà ! C'est moi qui l'ai dit. Il faut que je fasse tout ici... *(A Brigitte.)* Je suis contente que tu le prennes bien ma chérie.

BRIGITTE : Mais qu'est-ce qu'il a fait ?

AGATHE : Tu n'as pas compris ? Je n'ai pas dû être assez claire. *(A Arnaud.)* A vous !

ARNAUD : A moi ?

AGATHE : Eh oui, c'est votre belle-mère, c'est pas la mienne. Allez... Belle-maman.

ARNAUD : Belle-maman.

BRIGITTE : Belle-maman ?

AGATHE : Eh oui, puisqu'il va épouser Myriam.

BRIGITTE : Mais il n'en est pas question !

AGATHE : Ah si... Myriam ne sera pas une mère célibataire.

BRIGITTE : QUOI ?

AGATHE : Il n'en est pas question je te dis. Elle fera un très beau mariage et ensuite il y aura un très beau baptême avec plein de dragées. J'adore les dragées. *(A Arnaud.)* Pas vous ?

ARNAUD : Si.

AGATHE : Alors, dites-le lui.

ARNAUD : Madame, il faut que je vous dise...

BRIGITTE : Que vous me disiez quoi ?

ARNAUD : Que je veux des dragées !!

AGATHE : Oui... là, il a un peu résumé... il veut te dire qu'il veut des dragées pour le baptême du superbe bébé qu'il a fait à Myriam... Allez, embrassez-vous !

BRIGITTE : Oh le salaud ! *(Elle s'élance à la poursuite d'Arnaud qui s'échappe premier plan cour.)*

AGATHE : Ah non... fais attention, il est architecte !

BRIGITTE : Je vais le tuer, ce salaud ! *(Elle sort.)*

DOMINIQUE : *(off)* Je vais le tuer, ce salaud !

AGATHE : Mais qu'est-ce que ça peut bien lui faire à celle-là ? *(Dominique sort de la chambre suivie par Maurice.)* Dites donc, de quoi vous mêlez-vous ?

DOMINIQUE : Vous... La bonniche, foutez-moi la paix !!! *(Elle fonce sur Jacques.)* Depuis combien de temps, hein ? Depuis combien de temps ça dure, cette histoire ?

JACQUES : Mais de quoi parles-tu ?

AGATHE : Elle recommence ! Mais je vous ai expliqué tout à l'heure que nous venions juste de nous retrouver !

JACQUES : Mais oui... Ne sois pas ridicule !

DOMINIQUE : Ce n'est pas d'elle dont je parle... Et tu le sais bien...

AGATHE : Ah bon ? Il y en a une autre ?

DOMINIQUE : Oui. Il y en a une autre !

JACQUES : Mais tu es folle !

DOMINIQUE : Ah, je suis folle... Et Cécile, ça ne te dit rien peut-être ?

JACQUES : Cécile !!!

DOMINIQUE : Tiens... tu changes de couleur. Elle s'appelle bien Cécile, ta petite secrétaire ?

JACQUES : Mais qu'est-ce que tu racontes ? Qui a été te fourrer ça dans la tête ?

DOMINIQUE : Lui ! *(Elle désigne Maurice.)*

JACQUES : Quoi ? Mais je ne le connais même pas ce type ! Comment peut-il ? Qu'est-ce qui vous prend, vous ? De quel droit insinuez-vous…!

DOMINIQUE : Tu t'expliqueras avec lui plus tard… Moi, je sais qu'il a dit la vérité. Il y a un pavillon au fond du parc, je n'en sortirai que lorsque tu auras quitté cette maison… Adieu ! *(Elle sort.)*

JACQUES : *(à Maurice)* Ah bravo ! Merci !!!

MAURICE : C'est pas de ma faute !

JACQUES : Mais non... C'est de la mienne...

MAURICE : Eh ! Dites... personne ne m'a présenté à personne, moi ! Et si vous n'aviez pas une maîtresse qui s'appelle Cécile...

AGATHE : Parce que c'est vrai ?

JACQUES : Mais oui, c'est vrai. Pourquoi avez-vous raconté ça ? Hein ? Pourquoi ?

MAURICE : Mais parce que j'ai cru que Cécile, c'était elle...

JACQUES : Mais vous êtes fou ! C'est ma femme !

MAURICE : Eh oui, maintenant, je le sais. Mais c'est trop tard. Quand elle s'est réveillée, elle m'a demandé qui j'étais, et comment je vous avais connu. Alors, je lui ai raconté que je vous avais frappé parce que je vous croyais l'amant de ma femme et que vous m'aviez juré que non parce que votre maîtresse à vous s'appelait Cécile. Voilà. Alors, elle a sauté au plafond. Et c'est pendant qu'elle retombait que j'ai compris que Cécile, c'était pas elle !

JACQUES : C'est la catastrophe !

AGATHE : Mais non ! Si c'est ce genre-là que tu aimes, tu n'auras pas de mal à en trouver une autre.

JACQUES : Arrête, tu veux... Si jamais elle divorce, je peux dire adieu à mon cabinet.

AGATHE : Pourquoi ?

JACQUES : Mais parce qu'il est à elle. Quand je l'ai épousée, je n'avais pas un sou...

AGATHE : Et elle, elle en avait ?

JACQUES : Et oui... Fortune personnelle...

AGATHE : Ton copain et toi, vous n'épousez que des fortunes personnelles.

JACQUES : Oh, je t'en prie !

AGATHE : Quoi ? Il n'y a pas de honte à faire un mariage d'argent !

JACQUES : Mais ce n'était pas un mariage d'argent ! C'était un mariage...

AGATHE : D'amour de l'argent !

JACQUES : Voilà ! Mais non... Qu'est-ce que tu me fais dire ! Tu t'imagines que l'on ne peut pas aimer une femme riche !

AGATHE : Ah si ! Je pense même que c'est plus facile que d'en aimer une pauvre ! Ne serait-ce que pour les relations. Surtout pour un avocat !

MAURICE : Vous êtes avocat ?

JACQUES : Oui. Pourquoi ?

MAURICE : Alors, Maître... laissez-moi faire...

JACQUES : Ah... Je vous en prie... Ce n'est pas le moment de m'appeler Maître !

MAURICE : Ah si ! C'est que je vais avoir besoin de vous, moi !

JACQUES : Comment ça ?

MAURICE : Eh... Pour ma femme... Je n'en connais pas d'avocat, moi... Et avec la bêtise qu'elle a faite, je crois qu'elle risque gros, non ?

JACQUES : Ça ! Complicité de tentative d'évasion, ça peut aller chercher dans les cinq ans...

MAURICE : Et avec vous ?

AGATHE : Dix... Dix... Dix ans !

JACQUES : Agathe... je t'en prie... Deux ans avec sursis...

MAURICE : Ça, je prends... Cinq ans sans elle, je ne tiendrai pas le coup. Elle m'en fait baver, c'est vrai, mais cinq ans sans la voir, c'est trop.

JACQUES : Ecoutez, je verrai ce que je peux faire, mais ce n'est pas le moment. Il faut d'abord que je m'occupe de ma femme.

MAURICE : Si vous vous occupez de la mienne, je m'occupe de la vôtre. Je vais réparer ! Je vais lui raconter que je lui ai fait une blague... Laissez-moi faire ! Je vous promets que je vous la ramène douce comme une brebis.

AGATHE : Ça m'étonnerait !

MAURICE : Mais si... Faites-moi confiance ! Comment elle s'appelle ?

JACQUES : Dominique.

MAURICE : Dominique, très bien ! Oh... Ça chante ce nom-là... *(Il sort.)*

AGATHE : Ah... Ah... Ah... Ah...

JACQUES : Tu as vraiment de la chance de pouvoir rire de tout ça !

AGATHE : Excuse-moi. J'imagine ta femme enfermée dans un pavillon parce que tu l'as trompée, regardant passer ma fille qui court après un garçon qui a fait un enfant à la sienne... Je craque !

JACQUES : Ce n'est pas drôle.

AGATHE : Ah si ! Excuse-moi... C'est nerveux. Et puis, arrête de faire cette tête-là ! Tu viens de trouver un client.

JACQUES : Quel client ?

AGATHE : Maurice ! Tu vas défendre sa femme. Et moi aussi, je t'engage... tiens !

JACQUES : Toi ?

AGATHE : Oui. Si tu m'aides à convaincre Brigitte de laisser ces deux enfants tranquilles, tu ne le regretteras pas.

JACQUES : Comment ça ?

AGATHE : Je te laisse la maison.

JACQUES : Tu ferais ça ?

AGATHE : Oui... Si tu arrives à convaincre Brigitte...

JACQUES : Mais toi, où iras-tu ?

AGATHE : Ne t'inquiète pas de ça. Avec tous les amis que ma sœur compte dans la région, ça ne sera pas difficile. Un méchoui, ça s'organise n'importe où.

JACQUES : Agathe... Tu es formidable !

AGATHE : C'est aujourd'hui que tu t'en aperçois ?

JACQUES : Tu es formidable... Mais je crois que tu vas rester ici.

AGATHE : Pourquoi ?

JACQUES : Mais parce que ma femme ne va pas se calmer comme ça. Elle va faire ses bagages et regagner Paris. Cette affaire avec les Américains, c'est elle qui l'a préparée. C'est avec elle qu'ils ont traité. Et sans elle... demain, ils ne signeront rien.

AGATHE : Mais arrête de te désespérer comme ça ! On verra bien.

(Arnaud arrive en courant du premier plan jardin.)

ARNAUD : La voilà !

AGATHE : Grimpez là-haut Roméo, et n'en bougez plus... *(Il sort.)* Alors, pour Myriam, tu m'aides ?

JACQUES : Bien sûr ! Je te dois bien ça !

BRIGITTE : *(off)* Petit salaud, va !... Où il est ?... Où il est ?

AGATHE : Ça va, elle est calme !

JACQUES : Elle est calme ?

AGATHE : Oh oui ! Tu ne l'as jamais vue en colère !!!

JACQUES : Ça ne va pas être facile.

BRIGITTE : Où il est ? Il est là-haut ?

AGATHE : Non...

JACQUES : Si...

AGATHE : Ça commence bien !

JACQUES : Il est là-haut, mais vous, vous restez ici.

BRIGITTE : Pardon ?

JACQUES : Je dis que vous restez ici. Vous vous calmez et vous m'écoutez.

BRIGITTE : Pas un mot ! Gardez votre salive, mon vieux, et poussez-vous !!

JACQUES : Non. Vous m'écouterez d'abord.

BRIGITTE : Maman, veux-tu dire à ce guignol de s'occuper de ce qui le regarde ?

AGATHE : Mais... ça le regarde. C'est mon avocat... Je viens de l'engager.

BRIGITTE : Arrête avec tes plaisanteries douteuses et fais descendre ce petit salaud.

AGATHE : Ah non ! Ça suffit ! Arrête ce langage ordurier, s'il te plaît !

JACQUES : Oui, parce que...

BRIGITTE : Vous, la ferme ! Si tu veux que j'arrête, fais-le descendre !

JACQUES : Et quand il sera descendu, qu'est-ce que vous ferez ? Qu'est-ce que vous lui direz ?

BRIGITTE : Qu'il n'aura jamais ma fille ! Et qu'il ne la reverra plus. JAMAIS !

JACQUES : Et l'enfant, vous y avez pensé ?

BRIGITTE : Non mais, vous plaisantez ! Il n'est pas question qu'elle le garde !

AGATHE : Qu'est-ce qu'elle a dit là ? Qu'est-ce qu'elle a dit ?

BRIGITTE : Tu m'as très bien entendue ! Il n'est pas question qu'elle garde cet enfant !

AGATHE : *(à Jacques)* A toi.

JACQUES : A moi ?

AGATHE : OUI. C'est le moment de faire voir tes talents. Il ne faut plus que je m'en mêle ! Je vais tout casser !

BRIGITTE : Elle n'a que seize ans Myriam !

AGATHE : Mais elle en fait dix de plus ! A vingt-six ans, c'est le bon âge pour avoir un enfant !

BRIGITTE : Mais qu'est-ce que tu racontes ?

AGATHE : La vérité ! Tout le monde dit qu'elle paraît dix ans de plus.

BRIGITTE : Qui, tout le monde ?

AGATHE : Tiens, Jacques, par exemple. Hein Jacques ?

JACQUES : Moi ?

AGATHE : Oui, toi ! Quand tu l'as vue tout à l'heure, tu m'as bien dit : "Qu'est-ce qu'elle fait vieille la petite."

BRIGITTE : Quoi ?

AGATHE : Il ne l'a pas dit exactement comme ça, mais il l'a dit. *(A Jacques.)* Mais dis quelque chose !

JACQUES : Oui... Madame, écoutez-moi...

BRIGITTE : Non ! Je n'écouterai rien. J'ai la loi pour moi.

AGATHE : La loi ! Je n'en connais qu'une de loi ! La mienne ! C'est à la femme de décider de ce qu'elle veut faire ! Et personne d'autre ! Et surtout pas la loi qui a été faite par des hommes, qui profitent de ce que les femmes élèvent leurs enfants, pour aller papoter au parlement ! MAIS ÇA VA CHANGER ! Je ne sais pas quand, mais ça va changer !

BRIGITTE : Et l'avis de Myriam, tu t'en fiches ?

AGATHE : Tu es sourde ou quoi ! Je viens de te dire que c'était à la femme de décider !

BRIGITTE : Parce que Myriam a décidé ?

JACQUES : Bien sûr !

BRIGITTE : Quand ?

JACQUES : Je ne sais pas mais...

BRIGITTE : Alors, bouclez-la ! Myriam est une enfant. Elle est incapable de prendre une décision aussi grave sans m'en parler.

AGATHE : Quand ? Tu ne la vois jamais !

BRIGITTE : C'est ma fille ! Et je la connais mieux que toi.

MYRIAM : Non, tu ne me connais pas !

BRIGITTE : Myriam !

AGATHE : Tu vois ! Tu ne la connais pas !

BRIGITTE : Comment peux-tu dire ça ?

AGATHE : Parce que c'est la vérité ! Tu es tout le temps sur les routes. Avec ton orchestre... Il n'y a que ça qui compte pour toi... Ton orchestre ! Comment trouverait-elle le temps de t'annoncer qu'elle attend un enfant ? Et comment pourrais-tu l'entendre ? Tu ne débranches jamais ta sono ! *(A Myriam.)* Viens ma chérie. Puisque tu as eu le courage d'affronter ta mère, continue. Dis-lui que tu veux garder ton bébé...

MYRIAM : Je veux le garder maman...

BRIGITTE : Et comment vas-tu l'élever ?

AGATHE : *(elle souffle à Myriam)* T'occupe pas de ça...

MYRIAM : T'occupe pas de ça !

BRIGITTE : Quoi ?

AGATHE : Elle te dit de ne pas t'en occuper ! Elle a sa grand-mère pour ça ! *(A Myriam.)* Dis-lui que tu as ta grand-mère pour ça !

MYRIAM : J'ai ma grand-mère pour ça !

AGATHE : Et ma sœur aussi !

MYRIAM : Et ma sœur aussi !

AGATHE : *(à Myriam)* Mais non c'est pas ta sœur ! C'est la mienne ! Toi c'est grande-tante ! Tu dis ma grande-tante aussi !

MYRIAM : Ma grande-tante aussi !

AGATHE : Voilà. Elle a sa grand-mère, sa grande-tante et ma sœur... Il y en a une de trop, c'est pas grave... Et quand l'architecte aura fini ses études, il prendra le relais, n'est-ce pas ?

ARNAUD : Oui mémé...

AGATHE : Tu vois ! Il m'appelle déjà mémé. Ça ne te fait pas craquer ça ?

BRIGITTE : Mais tu es devenue folle.

AGATHE : Ah... Fais attention à ce que tu dis ma petite fille ! *(A Jacques.)* Dis-lui de bien faire attention à ce qu'elle dit !

JACQUES : *(perdu)* Oui... Madame, il faut bien faire...

BRIGITTE : Mais vous allez la fermer quand, vous ?

AGATHE : Quand je l'aurai décidé ! PAS AVANT ! Je t'ai dit que c'était mon avocat.

BRIGITTE : Alors, tu peux en changer tout de suite ! Parce que, ça n'est pas celui-là qui m'impressionnera !!

AGATHE : *(à Jacques)* Ça... Je dois dire ! Tu n'es pas vraiment...

JACQUES : Mais... Je n'ai pas...

AGATHE : Tais-toi. *(A Brigitte.)* C'est la guerre que tu cherches ?

BRIGITTE : Si tu ne changes pas d'avis, oui, ce sera la guerre !

AGATHE : Tu vas la perdre !

BRIGITTE : Ça m'étonnerait. Moi aussi, j'ai un avocat.

AGATHE : TU VAS PRENDRE UN AVOCAT ?

BRIGITTE : *(montrant Jacques)* Qu'est-ce que tu fais toi ?

AGATHE : *(regardant Jacques)* Oui... Mais ça, c'est pas... c'est vraiment pas...

JACQUES : Pas quoi ?

AGATHE : TAIS-TOI ! *(A Brigitte.)* Tu sais ce que j'en ferai de ton avocat, si vous décidez de toucher à Myriam... *(Elle hurle.)* DE LA PUREEEEE !

JACQUES : AGATHE... Arrête... Calme-toi !

AGATHE : Pourquoi ? C'est très bon la purée d'avocat !

BRIGITTE : Je suis sa mère... J'ai tous les droits ! *(A Myriam.)* Et tu feras ce que je déciderai, tu m'entends MYRIAM ? *(Elle l'attrape.)*

MYRIAM : Non... Tu ne décideras rien du tout. La seule qui a des droits sur mon enfant, c'est moi, tu m'entends, moi et personne d'autre.

BRIGITTE : MYRIAM ! Ecoute-moi...

MYRIAM : NON ! Lâche-moi... *(Elle s'échappe et sort fond cour en disant :)* Personne ne m'en empêchera, personne et surtout pas toi...

    (Brigitte la suit en criant... MYRIAM... Attends... Myriam...)

AGATHE : *(à Arnaud)* Et bien... Qu'est-ce que vous attendez ? Suivez-les ! Elle va avoir besoin de vous, Myriam !

ARNAUD : Je vais lui dire à sa mère... Je vais lui dire : Madame ! J'aime Myriam et je veux garder l'enfant...

AGATHE : Mais pas à moi... à sa mère !

ARNAUD : Oui, ça ne va pas être facile... *(Il sort.)*

AGATHE : Oh non ! Ça ne va pas être facile !

JACQUES : Oh non...

AGATHE : Tiens, tu as retrouvé ta voix toi ?

JACQUES : Mais, qu'est-ce que tu voulais que je dise ? Vous ne m'avez pas laissé placer un mot, toutes les trois ! Taisez-vous ! La ferme ! Bouclez-la ! De toutes façons, une plaidoirie, ça ne s'improvise pas comme ça ! Ça se prépare. Il faut chercher les bons arguments, trouver les mots justes… Il faut de la réflexion…

(Le téléphone sonne.)

AGATHE : Tiens, profites-en pour réfléchir… Mais vite, parce que dans cinq minutes, elles vont revenir… *(Elle décroche.)* Allô ! Ah c'est toi ? C'est pas trop tôt. *(A Jacques.)* C'est ma sœur. Travaille, toi… Travaille. *(Au téléphone.)* Mais non, ce n'est pas à toi que je parle. Je t'expliquerai plus tard. Ce serait trop long… Comment ? Brigitte ? Ah oui, elle est là Brigitte, et bien là… Avec Myriam ! Eh non, elle n'est pas en Angleterre, Myriam. Elle est ici… Elle est revenue… Pourquoi ? Parce qu'elle ne se faisait pas à la nourriture. Ça la faisait gonfler !… Ah oui… Tu verras, elle a pris au moins un kilo… Alors, dans neuf mois, tu imagines ! Non… tu ne peux pas comprendre ! Je plaisante. Parlons sérieusement… La maison ! A qui l'as-tu louée ?… Ah bon. Ah bon… Ah… comme ça, tout s'explique. Bravo ! Mais tu fais ce que tu veux ma chérie… Tu es majeure. Mais tu aurais pu me prévenir avant que je n'arrive ; Pourquoi ? Dépêche-toi de venir… tu sauras pourquoi… Dans une heure ? Parfait… A tout de suite. *(Elle raccroche.)*

JACQUES : Alors, la maison ?

AGATHE : Elle est bien pour elle...

JACQUES : A qui l'a-t-elle louée ?

AGATHE : A personne... C'est le propriétaire qui la lui a prêtée. Elle lui fait ses déclarations d'impôt, gracieusement, depuis des années. Et d'après ce que j'ai compris… Il n'y a pas que ça qu'elle lui fait gracieusement… Alors, cette année, la maison étant vendue…

JACQUES : Ça va, j'ai compris ! Je n'ai plus rien à faire ici.

AGATHE : Ça dépend de ta plaidoirie.

JACQUES : Ma plaidoirie ?

AGATHE : Je te l'ai dit tout à l'heure. Si tu arrives à convaincre Brigitte, je te laisse la maison...

JACQUES : Ah bon...? Ça tient toujours ?

AGATHE : Mais bien sûr ! Je n'ai qu'une parole, moi.

JACQUES : Très bien.

AGATHE : Tu as eu le temps de réfléchir ?

JACQUES : Pas beaucoup... mais ça ira.

AGATHE : Qu'est-ce que tu vas lui dire ?

JACQUES : Tu verras... tu verras...

AGATHE : Je préfère voir tout de suite.

JACQUES : Mais elle n'est pas là !

AGATHE : Justement. Il faut te chauffer. Je la connais, ma Brigitte. Il faut taper fort, sinon... C'est cuit. Alors, vas-y ! Répète devant moi. Je te dirai si c'est bon. Vas-y... Pense que je suis Brigitte. Allez, attaque ! Je fais Brigitte.

JACQUES : Bon. Brigitte...

AGATHE : *(hurlant)* Vous, foutez-moi la paix ! Et je vous interdis de m'appeler Brigitte.

JACQUES : Ben, qu'est-ce qui te prend ?

AGATHE : Je fais Brigitte. Elle a horreur qu'on l'appelle par son prénom.

JACQUES : Très bien. Madame... Ecoutez-moi...

AGATHE : Je vous ai dit de me foutre la paix ! Maman... Je t'ai déjà dit de me débarrasser de ce guignol ! Brigitte... ma chérie... Non... Mais écoute-le... Merde ! *(A Jacques.)* A toi !

JACQUES : A moi ?

AGATHE : Mais oui ! Tu ne vas pas la laisser m'insulter comme ça pendant une heure ! Il faut que tu nous coupes, mon vieux ! Allez... coupe... coupe !

JACQUES : *(hurle)* ÇA SUFFIT !

AGATHE : ... Qu'est-ce qu'il te prend ?

JACQUES : Ben... Je vous coupe.

AGATHE : Ah dis donc !!! Toi, quand tu t'y mets !

JACQUES : Mais comment veux-tu que je fasse autrement ! Il n'y a pas moyen de vous faire taire, toutes les deux ! J'en ai marre à la fin !!!

AGATHE : Bon. Très bien... Très bien... Calme-toi... On t'écoute. Hein, Brigitte ?

JACQUES : Silence !!!

AGATHE : Excuse-nous. Vas-y... Plaide... Plaide...

JACQUES : C'est scandaleux ! Etre obligé de se battre pour convaincre une mère... Parce que vous êtes bien la mère de Myriam, Madame ? Vous ne l'avez pas oublié, j'espère ?

AGATHE : Ah non... Ça je la connais. Elle a une mémoire

JACQUES : Silence !!! Vous ! La maman… Celle qui devrait être la première à l'écouter, à la comprendre, à la rassurer… Sans la juger… La première à l'aider… sans la menacer… avec une tendresse et une compréhension dont elle va avoir terriblement besoin dans les jours qui vont suivre… Que faites-vous ? Vous la traitez comme une enfant capricieuse et trop gâtée, alors qu'elle est déjà, que vous le vouliez ou non, une femme !!! Une femme à part entière, qui a, seule, le droit de décider, après mûre réflexion, bien sûre de ce qu'elle va faire !!! Ce qu'elle réclame, Madame, ce n'est pas un jouet ! Ce n'est pas une nouvelle peluche dont elle se débarrassera à la première occasion et qui finira sur une étagère au milieu d'autres peluches…

AGATHE : Oh...

JACQUES : Qu'est-ce qu'il y a ?

AGATHE : C'est bien la peluche ! Vas-y, remets-en sur la peluche !

JACQUES : Ah non ! J'arrête ! C'est pas possible d'être interrompu comme ça tout le temps.

AGATHE : Mais ça suffit ! Ça ira très bien... C'est très bon... La peluche, ça va la convaincre. Je la connais, ma Brigitte. Dès qu'elle voit un nounours, elle fond en larmes...!

JACQUES : Ah bon ?

AGATHE : Ah oui. Mais alors, toi, bravo ! Quand tu plaides, tu as vraiment l'air de croire à ce que tu dis !

JACQUES : Mais j'y crois ! Je n'accepte jamais de défendre un dossier si je ne suis pas moi-même entièrement convaincu !

AGATHE : Et bien, tu ne dois pas travailler souvent !

(La porte premier plan cour s'ouvre. Maurice, sans sa blouse et le polo complètement déchiré, traverse le plateau en criant : Au secours ! Faites quelque chose, retenez-la ! et il disparaît premier plan jardin. On entend la voix de Dominique qui hurle... "Où il est ?... Mais où il est ?" elle entre en scène, portant la blouse de Maurice.)

JACQUES : Mais je suis là, ma chérie...

DOMINIQUE : Mais c'est pas toi que je cherche ! *(Elle sort premier plan jardin en criant... "Mais où il est ?")*

JACQUES : Mais qu'est-ce qui se passe ? Qu'est-ce qu'elle a ?

AGATHE : Ça c'est encore un coup de MAURICE. Tout à l'heure il a défoncé la porte de la cuisine. Il a dû recommencer avec la porte du pavillon.

JACQUES : Mais il est fou ce type... Dominique !... Attends... Je vais t'expliquer... *(Il sort premier plan jardin.)*

AGATHE : *(seule)* Mais pourquoi Dominique porte la blouse de Maurice ?

MAURICE : *(apparaît par l'entrée du fond)* Elle est partie ?

AGATHE : Mais qu'est-ce qui vous arrive ? Pourquoi êtes-vous dans cet état ?

MAURICE : J'ai résisté Madame, je vous jure que j'ai résisté...

AGATHE : Mais qu'est-ce que vous racontez ?

MAURICE : Vous ne comprenez pas ? Elle voulait se venger de son mari parce qu'il l'avait trompée... Ça pouvait tomber sur n'importe qui... Il a fallu que ça tombe sur moi... Alors, il a fallu...

AGATHE : Oh non ! Ne me dites pas qu'il a fallu que...

MAURICE : Eh si ! Il a fallu que je sois coopératif ! Dites, je l'ai bien placé là ?

AGATHE : Ah ça ! Pour l'avoir bien placé, vous l'avez bien placé ! Pauvre Jacques, c'est vraiment pas son jour !

*(On entend la voix off de **Jacques** :"C'est pas vrai ! Tu n'as pas fait ça ?*
***Dominique** : Si ! Et dès que je le retrouve, je recommence."*
Elle entre premier plan jardin suivie par Jacques.)

DOMINIQUE : Ah... le voilà ! Ça c'est un homme. Un vrai ! Mais qu'est-ce qu'elle te trouve ta Cécile, hein ? Qu'est-ce qu'elle te trouve ? Si un jour elle t'ennuie, prête-la à Maurice, tu n'auras aucun mal à t'en débarrasser !

MAURICE : Eh... Laissez-moi souffler un peu !

JACQUES : Arrête... Ça devient indécent.

DOMINIQUE : Ce qui devient indécent c'est d'avoir vécu avec toi ! Ah le les plains les femmes que tu as rencontrées avant moi... *(A Agathe.)* Si vous saviez !

AGATHE : Mais je sais...

DOMINIQUE : C'est pas vrai ?

AGATHE : Mais si...

DOMINIQUE : Oh... Ma pauvre...

AGATHE : Mais non... J'en ai gardé un excellent souvenir... Je vous assure.

DOMINIQUE : Et ça remonte à quand ?

AGATHE : Trente-cinq ans.

DOMINIQUE : Je vois. Vous l'avez eu à l'état neuf ! Moi, j'ai hérité d'une occase !

JACQUES : Quand le vernis craque, c'est épouvantable...

DOMINIQUE : Je me préfère sans vernis, épanouie… que vernissée et desséchée. Si au moins, il m'avait fait un enfant ! Mais non ! Même pas ! Il n'en a pas été capable !

JACQUES : Ah... Tu permets ! C'est toi qui ne pouvais pas en avoir...

DOMINIQUE : Avec toi ! Mais avec un autre, j'aurais pu. Je suis sûre que j'aurais pu !

JACQUES : Des enfants, j'ai toujours rêvé d'en avoir. C'est le drame de ma vie !... Et je sais qu'avec une autre, j'en aurais eu, tu m'entends, j'en aurais eu !!!

DOMINIQUE : Avec une autre ? Aaaah ! Laisse-moi rire ! Ils seraient beaux tes enfants si tu les avais eus avec une autre ! Ils seraient comme toi ! Pas finis !!!

AGATHE : Pas finis ! Pas finis !

DOMINIQUE : Mais qu'est-ce qui vous prend, vous ? Je ne vous parle pas !

AGATHE : Mais moi, je vous parle ! Elle n'est pas finie ma Brigitte, peut-être ?

DOMINIQUE : Quelle Brigitte ? Qui est-ce Brigitte ?

AGATHE : Ma fille ! Et elle est bien finie. Vous verrez quand vous la verrez !

DOMINIQUE : Qu'est-ce que vient faire votre fille !!! C'est quand même pas lui qui...

AGATHE : Qui l'a finie ? Non ça, c'est moi. Mais, il l'a quand même un peu commencée !

DOMINIQUE : Aaaaah ! Aaaaah !

MAURICE : *(derrière elle)* Allez-y... Allez-y... Je suis là.

(Dominique pousse un dernier cri et tombe dans les bras de Maurice qui l'entraîne dans la chambre en disant : "Laissez-moi faire, je connais le chemin.")

AGATHE : Je suis désolée, Jacques. Ça m'a échappé. Mais, c'est de sa faute à la brebis. Venir me dire que ma Brigitte, elle n'était pas finie ! Ça m'a... Ça ne va pas arranger tes vacances, tout ça, hein ?

JACQUES : Non... Attends... Attends... C'est pas vrai ce que tu viens de dire là !

AGATHE : Quoi ?

JACQUES : Brigitte ! Quand tu dis qu'elle est… que c'est… Tu ne veux pas dire que c'est…

AGATHE : Ta fille ? Eh si ! J'aurais bien voulu la faire avec le Général de Gaulle, mais on le voyait si peu celui-là !

JACQUES : Mais tu ne cesseras donc jamais de plaisanter !

AGATHE : Si. Mais le plus tard possible. Et je le retarde ce moment-là... Je le retarde !

JACQUES : Mais pourquoi ne me l'as-tu jamais dit... Pourquoi ?

AGATHE : Tu aurais aimé le savoir ?

JACQUES : Mais bien sûr ! Mais enfin, est-ce que tu te rends compte ! Brigitte est ma fille et tu me l'as caché ! Pourquoi ? Mais pourquoi ?

AGATHE : Mon cher Jacques, j'ai l'honneur de t'apprendre que j'attends un enfant de toi. C'est ça que j'aurais dû t'écrire ?

JACQUES : Mais oui ! C'était la moindre des choses !

AGATHE : Et tu aurais lu ça avec ta petite fiancée blottie dans tes bras.

JACQUES : Mais oui... Mais non... ! Voyons !

AGATHE : En cachette, alors ?

JACQUES : Non... mais...

AGATHE : Mais tu lui en aurais parlé ?

JACQUES : Mais oui... Enfin, pas tout de suite...

AGATHE : Quand ?

JACQUES : Mais je ne sais pas... Un peu plus tard... Le temps de réfléchir.

AGATHE : C'est pour ça que je ne t'ai pas prévenu. Je n'avais pas envie de recevoir une lettre dans laquelle il y aurait eu ces mots-là : "Pas tout de suite… Un peu plus tard… Je ne sais pas… Réfléchir…"

JACQUES : Mais je ne t'aurais pas écrit ça !

AGATHE : Mais si, et tu le sais très bien.

JACQUES : Mais non !

AGATHE : Tais-toi, Jacques. Tu es parti en me faisant le plus beau cadeau qu'une femme puisse attendre de l'homme qu'elle aime. Je n'avais aucun problème pour l'élever... Et à l'époque, t'en parler, c'était te l'imposer ! Et avec notre différence d'âge... N'en parlons plus, veux-tu ?

JACQUES : N'en parlons plus ! Tu me caches ma fille pendant trente-cinq ans et il ne faut plus que j'en parle ! Mais je ne vais parler que de ça ! Je ne vais plus parler que de ça !

AGATHE : A qui ? A ta femme ?

JACQUES : Mais oui ! Mais non ! Enfin... Pas tout de suite...

AGATHE : Plus tard ?

JACQUES : Mais oui... le temps de...

AGATHE : De réfléchir...?

JACQUES : Oh... Ecoute, Agathe... tu ne vas recommencer... Brigitte est ma fille et...

AGATHE : Et elle a très bien vécu sans toi jusqu'à présent. Elle continuera et je t'interdis de lui en parler.

JACQUES : C'est insensé ! On croit rêver ! C'est MA fille et je n'ai même pas le droit... Tu n'as pas le droit, tu m'entends, pas le droit ! Mais enfin, réfléchis, bon sang ! Il faudra bien qu'elle le sache un jour !

AGATHE : Pourquoi ?

JACQUES : Parce que ! Tu le sais, je le sais... Il faut qu'elle le sache.

AGATHE : Bon, d'accord. Un jour, peut-être... mais pas aujourd'hui.

JACQUES : Pourquoi ?

AGATHE : Parce que ce n'est pas le jour.

JACQUES : Mais pourquoi ?

AGATHE : Parce que retrouver son père le jour où elle apprend qu'elle va être grand-mère, ça fait beaucoup...

JACQUES : Grand-mère ?

AGATHE : Eh oui ! Tu as oublié que Myriam attendait un enfant ?

JACQUES : Non... mais...

AGATHE : Et bien, dans neuf mois, elle sera grand-mère !

JACQUES : Mais il n'en est pas question !

AGATHE : Ah si ! Tu attendras neuf mois, comme tout le monde.

JACQUES : Mais il n'en est pas question !!!

AGATHE : Pardon ?

JACQUES : C'est ma petite fille, Myriam...

AGATHE : Et alors ?

JACQUES : Alors ? Mais elle n'a que seize ans !

AGATHE : Et alors ?

JACQUES : Alors, il n'est pas question qu'elle garde cet enfant ! Je m'y oppose formellement !

AGATHE : Quoi !!!???

JACQUES : C'est encore une enfant, Myriam ! Une enfant qui ne désire peut-être qu'un nouveau jouet. Une vulgaire peluche dont elle croit pouvoir se débarrasser. Comme une fillette trop gâtée qu'elle est !

AGATHE : C'est pas vrai ce qui m'arrive ! Je n'ai quand même pas réussi à élever ma fille pendant trente-cinq ans sans être emmerdée par un bonhomme pour voir aujourd'hui débarquer un vieux jeune premier déplumé qui n'a qu'une seule trouille, s'entendre appeler pépé dans les prochaines années ! Dites-moi que ce n'est pas vrai ! Mais dites-le-moi !

JACQUES : Mais qu'est-ce que tu racontes ? Ce n'est pas à moi que je pense !

AGATHE : Et bien, penses-y ! Parce que je ne laisserai personne toucher un cheveu de ma petite fille... Personne et surtout pas toi ! Tu devrais être le dernier... Je n'en peux plus... Je vais faire un malheur... *(Elle se précipite chercher une bûche.)*

JACQUES : Agathe ! Ecoute... Calme-toi...

AGATHE : Me calmer ? Quand j'entends des horreurs pareilles ? *(Elle se précipite sur lui. Brigitte entre.)* Sors d'ici !!!

BRIGITTE : Maman ! Arrête...! Calme-toi !

AGATHE : Toi aussi, tu veux que je me calme ? Mais sais-tu seulement où tu serais en ce moment si j'avais fait avec toi, ce que tu veux faire avec Myriam ? Tu n'existerais pas, ma petite fille ! Mais moi, j'aurais eu des excuses ! Parce que moi j'étais seule ! Seule pour te mettre au monde ! Seule pour t'élever ! Seule pour pleurer, les jours où c'était trop dur d'être seule ! *(Elle se calme.)* Maintenant, sortez tous les deux. Sortez vite...

BRIGITTE : Maman...

AGATHE : Juste quelques instants. Personne ne m'a jamais vue pleurer ! Et je sens que je ne vais pas pouvoir m'en empêcher !

BRIGITTE : Si... Moi, je t'ai vue...

AGATHE : Mais qu'est-ce qu'elle raconte ? Pleurer moi ! Jamais...

BRIGITTE : Oh si, c'était il y a longtemps. J'étais petite... Une nuit, je t'ai surprise, dans la cuisine. Tu tenais une vieille photo dans les mains et tu pleurais Maman, tu pleurais... Plus tard, je l'ai retrouvée la photo. Je savais bien où tu la cachais... Tu étais dans les bras d'un jeune officier... et là, tu riais Maman, tu riais... Jamais je ne t'avais vue aussi heureuse ! Tu étais rayonnante ! Lui, il était *(elle regarde Jacques)* beau, très beau...

AGATHE : Il a bien changé !!

BRIGITTE : Il souriait, il avait un petit air rêveur, déjà ailleurs...

AGATHE : Il devait chercher une enveloppe !

(Long silence ; on entend quelques petites explosions à l'extérieur.)
Qu'est-ce que c'est que ça ?

BRIGITTE : J'ai acheté un feu d'artifice pour ton anniversaire. Les enfants ont dû le trouver. Ils s'amusent un peu...

AGATHE : Elle a le cœur à s'amuser, Myriam ?

BRIGITTE : Oui, parce qu'elle m'a convaincue Maman... et je lui ai dit que quoiqu'il arrive, nous serons là toutes les deux pour l'aider et pour l'aimer... Toutes les deux... *(Elle remonte vers la terrasse, se retourne avant de sortir, regarde Jacques.)* Toutes les deux !!! *(Elle sort. Agathe n'a pas bougé.)*

AGATHE : Tu vois... Brigitte, c'est vraiment une fille formidable. Un feu d'artifice... pour mon anniversaire ! Fallait y penser. C'est bête que tu ne sois pas là pour le voir !

JACQUES : Mais je serai là...

AGATHE : Ah oui... C'est vrai, tu gardes la maison ! Et bien, on ira le tirer ailleurs !

JACQUES : Non. Ici. Je reste... et tu restes.

AGATHE : Non. Tu gâcherais la fête !

JACQUES : Moi ?

AGATHE : Mais oui, tu ne veux pas que Myriam garde son bébé.

JACQUES : Mais si, je le veux ! Je ne veux que ça !

AGATHE : Tiens ! C'est nouveau ça ! Depuis quand ?

JACQUES : Mais... depuis que Brigitte a changé d'avis. C'est ma fille et je ne veux pas la contrarier !

AGATHE : Elle te fait peur hein ! Brigitte !

JACQUES : Peur, cette gamine ! Non mais tu rêves ! Elle m'agace, oui !

AGATHE : Elle t'agace ?

JACQUES : Ah oui ! Elle vient de dire "TOUTES LES DEUX" et ça, il n'en est pas question !

AGATHE : QUOI ?

JACQUES : Non mais dis donc... Qui c'est le chef de famille ?

AGATHE : Le quoi ?

JACQUES : Le Chef de Famille !

AGATHE : Non... là, je rêve... Je vais me réveiller...

JACQUES : Et bien réveille-toi vite... Parce que… que ça te plaise ou non, le chef de famille, C'EST MOI ! Et je dois me préoccuper de l'avenir de mon arrière-petit-fils. Parce que ce sera un garçon, j'en suis sûr, et il n'est pas question que Myriam, avec ton aide et celui de Brigitte l'élève n'importe comment ! Trois femmes, c'est pas bon. C'est pas bon du tout.

AGATHE : C'est pas un rêve, c'est un cauchemar. Il arrive avec trente-cinq ans de retard...

JACQUES : A QUI LA FAUTE ? QUI M'A LAISSÉ TRENTE-CINQ ANS DANS L'IGNORANCE DE MA PATERNITÉ... TOI ! POURQUOI AS-TU FAIT ÇA HEIN ! POURQUOI ? TU N'AS PAS TROUVÉ D'ENVELOPPE...

AGATHE : Là, il se fout de moi ! TU TE FOUS DE MOI ?

JACQUES : NON ! C'EST HONTEUX CE QUE TU AS FAIT !

AGATHE : ET TA PETITE FIANCÉE, QU'EST-CE, QUE TU EN AURAIS FAIT ?

JACQUES : VIRÉE... JE L'AURAIS VIRÉE !

AGATHE : FACILE À DIRE, TRENTE-CINQ ANS APRÈS !

JACQUES : JE L'AURAIS FAIT !

AGATHE : ET DEMAIN ! COMMENT TU VAS LES VIRER TES AMÉRICAINS !

JACQUES : AUCUN PROBLÈME ! Je leur ferai croire que le feu d'artifice est en leur honneur !

AGATHE : MON FEU D'ARTIFICE ?

JACQUES : Il est plus pour toi, il est pour eux... Ils seront très flattés ! Ce sera un jeu de les faire signer !

AGATHE : ET TA FEMME !

JACQUES : AUCUN PROBLÈME... Ah si : là, il y a un petit problème...

AGATHE : Un gros ! Qu'est-ce que tu vas faire quand elle va s'effondrer ?

JACQUES : Laisse-moi faire je vais trouver... *(Un grand temps.)*

AGATHE : Pas trop longtemps, je n'ai loué que pour un mois... *(Nouveaux temps.)* Je peux peut-être t'aider...

JACQUES : A quoi faire ?

AGATHE : A trouver...

JACQUES : T'AS UNE IDÉE ?

AGATHE : Maurice !

JACQUES : Quoi Maurice ?

AGATHE : Tu pourrais lui demander de continuer à s'en occuper !

JACQUES : Tu crois ?

AGATHE : Ah oui, et c'est peut-être déjà ce qu'il est en train de faire... Tu sais qu'il est très COOPÉRATIF !

JACQUES : Tu as raison ! Allez hop VIRÉE ! Tu vois j'ai trouvé...

AGATHE : Et sans l'aide de personne... Alors, tu seras vraiment là, demain ?

JACQUES : OUI AGATHE. QUE ÇA TE PLAISE OU NON... ÇA NE TE PLAIT PAS ?

AGATHE : Mais... c'est toi le chef de famille...

JACQUES : Ah... Quand même !

AGATHE : Demain soir, pour mon anniversaire, j'aurai ma petite fille, ma fille et son papa !

JACQUES : Oui...

AGATHE : Jacques, pour la première fois, grâce à toi, je vais avoir des vacances de rêve !

LE MALADE : *(off)* Où il est ? Où il est ?

AGATHE : C'est pas vrai !

JACQUES : Ça ne va pas recommencer !!!

(Un homme avec des pansements arrachés entre comme un fou par le fond.)

LE MALADE : Où il est ? Où il est ?

AGATHE et **JACQUES** : QUI ???

LE MALADE : L'infirmier !!! Ça fait deux heures que je suis enfermé dans son ambulance ! Où il est !!!

(Et la musique de la fin monte pendant que Jacques et Agathe hurlant de rire, tombent dans les bras l'un dé l'autre.)

FIN

AVIS IMPORTANT

Cette pièce de théâtre fait partie du répertoire de la Société des Auteurs et Compositeurs Dramatiques, 11 bis rue Ballu 75442 PARIS Cedex 09. Tél. : 01 40 23 44 44. Elle ne peut donc être jouée sans l'autorisation de cette société.

Nous conseillons d'en faire la demande avant de commencer les répétitions.

Dépôt légal : juillet 1998
N° d'édition : 984001
ISBN : 2-84422-039-8